"If there's one thing I've learned from the French, it's that good cooking
is not an end in itself. Rather, it's the crucial thing that brings the
family together for a meal at the end of every day—and nothing's
more important than that. Claudine Pépin, Jacques' daughter,
was schooled in this lesson from birth, and now she is
paying it forward. Simply but clearly written, and vivid with
illustrations that recall the 'Madeline' books, *Let's Cook French*
is seductive. If anyone can tempt kids away from nuggets and pizza,
into the kitchen, and on to the dinner table, it's Claudine."
—Sara Moulton, renowned chef and TV host, *Sara's Weeknight Meals*


"My dear friends, Claudine and her father Jacques Pépin, have taught
America to love French cooking. Now, with this very special book, these
two amazing storytellers have shared their passion for family, fun,
and good food with a new generation of cooks. Claudine's recipes
open a window into the flavors of France, and Jacques astonishing
drawings will inspire children to be hungry for more!"
—José Andrés, internationally acclaimed chef, author, educator,
and owner of ThinkFoodGroup

# LET'S COOK FRENCH

## A FAMILY COOKBOOK

### CUISINONS FRANÇAIS · UN LIVRE POUR TOUTE LA FAMILLE

## CLAUDINE PÉPIN

### WITH ILLUSTRATIONS BY JACQUES PÉPIN

Brimming with creative inspiration, how-to projects, and useful information to enrich your everyday life, Quarto Knows is a favorite destination for those pursuing their interests and passions. Visit our site and dig deeper with our books into your area of interest: Quarto Creates, Quarto Cooks, Quarto Homes, Quarto Lives, Quarto Drives, Quarto Explores, Quarto Gifts, or Quarto Kids.

First published in 2016 by Quarry Books,
an imprint of The Quarto Group,
100 Cummings Center, Suite 265-D,
Beverly, MA 01915, USA.
T (978) 282-9590 F (978) 283-2742
www.QuartoKnows.com

Quarry Books titles are also available at discount for retail, wholesale, promotional, and bulk purchase. For details, contact the Special Sales Manager by email at specialsales@quarto.com or by mail at The Quarto Group, Attn: Special Sales Manager, 401 Second Avenue North, Suite 310, Minneapolis, MN 55401, USA.

10 9 8 7 6 5

ISBN: 978-1-63159-147-1

Digital edition published in 2016
eISBN: 978-1-62788-934-6

Library of Congress Cataloging-in-Publication Data available

Book Design: Debbie Berne
Book Layout: Sporto
With illustrations by Shorey Wesen and Jacques Pépin
Translation: Christel Mazquiaran

Printed in China

# Dedication

To my mother, Gloria; father, Jacques; husband, Rollie; and my daughter, Shorey. Thank you for believing in me, encouraging me, pushing me to be better, and catching me when I fall. I love you always and forever, no matter what. And I'll always do the dishes.

# Contents

# Matières

# A Note for Kids

My husband, Rollie; my father, Jacques; my mother, Gloria; my daughter, Shorey; and I would like to welcome you to *Let's Cook French*. We had such fun putting together this book. Rollie and I were in charge of recipes, Jacques and Shorey, the artwork and tasting; and everything I know about organizing, entertaining, and cleaning I've learned from my mom, Gloria. Truth be told, I've learned a lot about great food from her, too.

Cooking's fun; that's why we love to do it! It also makes people happy. Eating great food is good for your brain, your body, and your soul. Following recipes and cooking helps you learn math and science, and, in this case, maybe a bit of French or English. My father always says, "Cooking is an expression of love because you always cook for another person." I agree completely. Remember, there's no culinary prison. If you make a mistake, even a really big one, don't worry . . . try again!

These recipes represent the tastes I love and developed with both my parents cooking. Now these tastes are part of me. I cook for my family, but I do it in my own style. I didn't grow up knowing how to cook, but I was around tremendously good food. I often spent summers in France with my father's side of the family. His youngest brother, Richard, was a chef, and his older brother, Roland, was an engineer who loved food. My grandmother owned and operated several restaurants in and around Lyon and is the thriftiest person I've ever known. She could make a terrific meal for ten from one chicken and what she'd pull from the garden. At the start of summer, she'd buy several dozen small, fresh goat cheeses and leave them in a *garde-manger* hung on a tree in the backyard. Day by day they would get smaller and more concentrated in flavor. By the middle of July, the cheese would start to get hard; by the beginning of August, I could no longer bite it but, instead, had to gnaw or suck on it. Also, since this was during the hot summer, when I'd sweat, I stank like goat cheese. Well, "goat," really; I smelled like a goat, but I loved those cheeses—and still do.

# Note pour les enfants

Mon mari Rollie, mon père Jacques, ma mère Gloria et ma fille Shorey vous accueillons dans notre livre: *Cuisinons Français*. Quel plaisir d'écrire ce livre ensemble! Mon mari et moi avons conçu et réalisé les recettes, mon père et ma fille l'ont illustré et ont dégusté les plats. De ma mère Gloria, j'ai appris l'art de la table et l'organisation d'un ménage aussi bien que ses recettes secrètes.

Cuisiner est une belle aventure et cela rend les gens heureux. Manger de bons petits plats est un grand plaisir pour le palais et pour l'estomac. La cuisine mène à toutes les sciences et grâce à ce livre, même à apprendre un peu de français et d'anglais. Mon père dit toujours: "on cuisine pour dire je t'aime car on cuisine toujours pour quelqu'un d'autre" et je suis tout à fait d'accord avec cela. Il n'y a pas de punition en cuisine. Si l'on fait une erreur, même une très grosse erreur, on ne se décourage pas, on refait la recette.

Les recettes présentées dans ce livre sont mes favorites. Elles sont imprimées dans la mémoire de mon enfance et dans le souvenir de mes parents qui cuisinaient tous les jours. Je cuisine maintenant pour ma famille mais je le fais à ma façon, d'après mes goûts. Je n'ai pas appris à cuisiner en grandissant, j'ai appris la cuisine en mangeant bien. J'ai souvent passé mes vacances d'étés en France dans la famille de mon père. Son plus jeune frère Richard était cuisinier de métier et son grand frère Roland était ingénieur et gastronome. Ma grand-mère Jeannette avait plusieurs restaurants dans Lyon et sa banlieue et était la personne la plus économe que je connaisse. Avec un poulet et quelques légumes ramassés dans le jardin elle faisait un festin qui pouvait régaler dix convives. En début d'été elle achetait plusieurs douzaines de petits fromages de chèvre dans une ferme du voisinage et elle les affinait dans un garde-manger pendu à un arbre au fond du jardin. Jour après jour ils rapetissaient et devenaient forts en goût. Vers le milieu du mois de juillet, ils commençaient à durcir; début août, je ne pouvais plus les croquer et je devais alors les ronger ou les sucer. Avec la chaleur de l'été, quand je suais, je sentais le fromage de chèvre, en fait, je sentais la chèvre, mais j'adorais ces fromages et je les aime encore aujourd'hui.

As you wander the pages of this little book, I hope you get excited and inspired to cook for your family, friends, and yourself. I also hope that you try our family dishes and that your favorites from this book will also become your family favorites.

Family mealtimes are essential to communicate, to bond together, to laugh, to argue, to share, and to enjoy life.

En explorant les pages de ce livre, j'espère que vous trouverez des idées qui vous donneront envie de cuisiner pour votre famille, pour vos amis et pour vous même. J'espère que mes recettes préférées deviendront aussi les vôtres.

Partager ses repas en famille, discuter, rire ensemble autour de la table sont des moments forts et essentiels de la vie.

# A Note for Parents

As a society, we have tried to encourage kids to eat healthy foods by hiding them, disguising them as something else, or pouring processed cheese sauce on them, and I think that we do a disservice to children by doing so. Children don't come into the world eating only chicken nuggets, pizza, and french fries. They will eat the food that they are given. That's the food that they will become used to and like. So, if we feed them only "kid" food, those are the tastes they will develop. If, however, we feed them all sorts of foods, they will eat them as well. Our daughter, Shorey, eats almost everything. Now, though, at ten years old, she doesn't like asparagus, tripe, polenta, sweet potatoes, or head cheese. We're okay with that—and her grandfather says that she will change anyway.

When I was approached to write a book to inspire children to cook, I thought I couldn't possibly do this project. I don't cook kids' food—I just cook good, fresh food; and I'm not a chef, although many people think I am. I'm a home cook—a fairly good one I think—but just a home cook. My father is a chef, and I'm married to a chef as well, so in our home, food is ever present. The idea of "kid food" disturbs me. It's fine to make a dish simpler or less spicy when kids are going to eat it, but we cannot decide what they will like and what they won't. A few years back, my husband and I were having some friends over; we happened to be using white anchovies for something, and our daughter asked if she could have one. We said, "Sure, go right ahead." She loved them and still does. Growing up, I was always given the same food that my parents and their friends were having, albeit I might have eaten earlier and a smaller portion.

# Message pour les parents

En tant que société de consommation, nous avons essayé d'encourager les enfants à manger des aliments sains en les camouflant, en les déguisant en autre chose ou en les couvrant de mauvaise sauce au fromage; et je pense qu'on ne leur rend pas service en faisant cela. Les enfants ne viennent pas au monde en ne mangeant que des beignets de poulet, des pizzas et des frites. Ils mangeront la nourriture qu'on leur donne. C'est la nourriture à laquelle ils s'habitueront et qu'ils aimeront. Donc si nous leur donnons seulement des aliments "pour enfant," ce sont les goûts qu'ils développeront. Si au contraire, nous les habituons à tous type d'aliments, ils les mangeront tout aussi bien. Notre fille, Shorey, mange pratiquement de tout. Cependant, à 10 ans, elle n'aime pas les asperges, les tripes, la polenta, les patates douces ou le fromage de tête. Cela nous convient—et son grand-père dit que de toute façon elle changera d'avis.

Quand on m'a contactée pour écrire un livre encourageant les enfants à cuisiner, je ne pensais pas être capable de réaliser ce projet. Je ne cuisine pas de nourriture pour enfants—je cuisine juste de bons aliments frais, et je ne suis pas un chef, bien que beaucoup de personnes le pensent. Je suis une cuisinière familiale, assez douée je pense, mais juste une cuisinière de maison. Mon père est chef, et je suis aussi mariée à un chef, donc chez nous, la nourriture est omniprésente. L'idée de "nourriture d'enfant" me perturbe. Ce n'est pas un problème de rendre un plat plus simple ou moins épicé quand les enfants vont le manger, mais nous ne pouvons pas décider ce qu'ils aimeront et ce qu'ils n'aimeront pas. Il y a quelques années, mon mari et moi-même recevions des amis à diner; il s'avère que nous devions utiliser des anchois blancs pour un des plats, et notre fille nous a demandé si elle pouvait en avoir un. Nous avons dit, "Bien sûr, fais toi plaisir." Elle les a adorés et les aime encore à ce jour. En grandissant, on m'a toujours servi la même nourriture que mes parents et que les amis qu'ils recevaient, quoique j'ai pu manger plus tôt et en portions plus petites.

Many of the recipes in the book may have French names, but please don't let that intimidate you. You'll find that most of these recipes are very close and relatable to American recipes—perhaps with a twist or some different spices. These are the dishes that I grew up eating and the ones we cook at home for our family.

My very first original recipe is in here: Spinach in Béchamel. Okay, so you might not think that's very original. Let me tell you how it happened. *House Beautiful*, a well-known magazine at the time, asked my father to be in an article focusing on chefs who cook with their children. I remember the day they came and took pictures in our home in Connecticut, the dress I wore, and the way my mom did my hair. I was about eleven years old. I don't remember the other recipes we made, but I do remember that I was the one who made the Spinach in Béchamel. I made the béchamel, stirring, stirring, stirring, and then put the spinach directly into the sauce. My father froze . . . then I did, too . . . and he said, "You can't do that! You have to blanch the spinach first and *then* add it to the béchamel!" "Why?" I asked, terrified . . . well, maybe not terrified. And he paused, then said, "I have no idea, but that's the way we usually do it." So, we left it that way and stirred it in, and it was great. Now he makes it like that, without cooking the spinach first. Please feel free to experiment and adapt these recipes to suit your family. You may discover happy accidents along the way.

Plusieurs recettes dans ce livre ont peut-être des noms français, mais ne laissez pas cela vous intimider. Vous allez voir que la plupart de ces recettes ressemblent et s'apparentent beaucoup à des recettes américaines—peut-être avec une astuce ou quelques épices différentes. Ce sont les plats que j'ai découverts en grandissant et ceux que nous cuisinons à la maison pour notre famille.

Ma toute première recette originale se trouve dans les Épinards à la Béchamel. Bon d'accord, vous pensez sûrement que ce n'est pas très original, mais laissez-moi vous raconter comment cela s'est passé. *House Beautiful*, un magazine très connu à l'époque, a demandé à mon père d'apparaître dans un article se focalisant sur les chefs cuisinant avec leurs enfants. Je me rappelle du jour où ils sont venus et ont pris des photos de notre maison dans le Connecticut, de la robe que je portais, et de la façon dont ma mère m'avait coiffé. J'avais à peu près 11 ans. Je ne me rappelle pas des autres recettes que nous avons préparées, mais je me souviens que c'est moi qui aie cuisiné les Épinards à la Béchamel. Je faisais la béchamel, en mélangeant, mélangeant, mélangeant, puis j'ai directement mis les épinards dans la sauce. Mon père s'est figé—moi aussi—et il a dit: "tu ne peux pas faire ça! Tu dois d'abord blanchir les épinards, et ensuite les ajouter à la béchamel!" "Pourquoi?" ai-je demandé, terrifiée—enfin, peut-être pas terrifiée. Il s'est arrêté, puis a dit, "je n'en sais rien, mais c'est comme ça que nous faisons d'habitude." Alors nous l'avons laissé tel quel et nous avons mélangé, et c'était super. Maintenant il le prépare de cette façon, sans cuire les épinards au préalable. N'hésitez pas à expérimenter et adapter ces recettes pour qu'elles conviennent à votre famille. Vous pourrez découvrir des accidents heureux en cours de route.

Chou-fleur
Soufflé

Jacques 13

# To Start

An hors d'oeuvre, an appetizer, or a first course sets the stage for the meal ahead. Not every meal needs a beginning, but it does make a meal more elegant. Hors d'oeuvres are generally little nibbles that are passed around before a meal. They can be very simple. In our house, we often have sliced hard salami, also known as *saucisson*, some raw or roasted nuts, cherry tomatoes, cornichons, and bread sticks. It's a nice way to welcome guests, and you don't even need to cook; just slice and place on a nice plate or platter. Soup is also a wonderful, healthy, and easy way to start a meal, as is a simple green salad with vinaigrette. I hope you find a recipe that you will make over and over and that will make a simple meal just a little more special.

# Pour Commencer

Un hors-d'œuvre, un apéritif ou une entrée donnent le ton de la suite d'un repas. Tous les repas ne nécessitent pas une entrée, mais cela les rend plus élégants. Les hors d'œuvres sont généralement de petits amuse-bouches que l'on se fait passer avant un repas. Ils peuvent être très simples. Chez nous, nous proposons souvent des tranches de salami dur, plus connus sous le nom de saucisson, quelques noix natures ou grillées, des tomates cerises, des cornichons et des gressins. C'est une façon agréable d'accueillir des invités, et vous n'avez même pas besoin de cuisiner; il faut juste couper et poser sur une belle assiette ou un plat. La soupe est aussi une façon merveilleuse, saine et facile de débuter un repas, tout comme une simple salade verte et sa vinaigrette. J'espère que vous trouverez une recette que vous ferez et referez, et que vous rendrez un simple repas un tout petit peu plus spécial.

# GOUGÈRES

ABOUT 30 PIECES

- - - - - - - - - - - - - -

INGREDIENTS:

5 tablespoons (70 g)
unsalted butter, divided

1 cup (235 ml) whole milk

1 cup (125 g) all-purpose flour

1 teaspoon kosher salt

1 pinch freshly ground
white pepper

4 eggs

6 ounces (170 g) Gruyére
or Swiss cheese, grated
(about 2 cups)

1 teaspoon
Dijon-style mustard

1 pinch cayenne pepper

*Gougères* are delicate puffs of deliciousness and perfect to welcome family and friends into your home. They are best served warm, so put them into the oven 20 minutes before your company arrives, and they are sure to enjoy this wonderful homemade treat. We serve them in a bread basket lined with a cloth napkin to keep them warm.

PREPARATION:

Preheat the oven to 400°F (200°C).

Butter a cookie sheet with 1 tablespoon (15 g) of the butter.

In a 4-quart (4 L) sauce pot, heat the milk and remaining 4 tablespoons (55 g) of butter. As soon as it comes just to a boil (before it boils over), add the flour, salt, and pepper all at once and mix thoroughly. This will make a ball of very sticky dough. Cook on medium heat, stirring with a wooden spoon for 3 minutes.

Put the dough in a food processor. Use the pulse setting and add the eggs one at a time. Add the cheese, mustard, and cayenne and blend until just incorporated.

With a piping bag or spoons make balls of about 1 tablespoon of dough, about ¾ inch (2 cm) in diameter, on a buttered cookie sheet. Don't put them too close together, as the dough will triple in size.

Bake at 400°F (200°C) for 10 minutes. Rotate the tray if necessary, turn the temperature down to 300°F (150°C), and bake for an additional 15 minutes. *Gougères* should be brown and firm on the outside and light and airy on the inside.

milk °
lait

butter °
beurre

# GOUGÈRES

Les gougères sont de délicates bouchées soufflées, délicieuses et parfaites pour accueillir famille et amis chez vous. Elles sont meilleures servies chaudes, alors passez-les au four 20 minutes avant que vos invités n'arrivent et ils seront certains d'apprécier cette merveilleuse gourmandise faite maison. Nous les servons dans une panière couverte d'une serviette en tissu pour les garder au chaud.

PRÉPARATION:

Préchauffer le four à 400°F (200°C)

Beurrer une plaque de cuisson avec une cuillère à soupe (15 g) de beurre.

Dans une casserole de 4 L (4-quart), chauffer le lait et le reste du beurre (55 g/4 cuillères à soupe).

Dès que ça commence à bouillir (avant que ça ne déborde), ajouter la farine, le sel et le poivre en une fois et mélanger énergiquement. Cela donnera une boule de pâte très épaisse. Cuire à feu moyen, en remuant avec une cuillère en bois pendant 3 minutes.

Mettre la pâte dans un robot. Utiliser la vitesse rapide et ajouter les œufs en une seule fois. Ajouter le fromage, la moutarde, le piment de Cayenne et mélanger jusqu'à ce que ce soit incorporé.

Avec une poche à douille ou des cuillères, faire des boules d'environ une cuillère à soupe de pâte, environ 2 cm (¾ inch) de diamètre, sur une plaque de cuisson beurrée. Attention à ne pas les mettre trop proches les unes des autres car la pâte triple de volume.

Cuire à 200°C (400°F) pendant 10 minutes. Tourner la plaque de cuisson si nécessaire, baisser la température à 150°C (300°F), et cuire à nouveau 15 minutes.

Les Gougères doivent être dorées et fermes à l'extérieur, légères et aérées à l'intérieur.

POUR ENVIRON
30 PIÈCES

- - - - - - - -

INGRÉDIENTS:

5 cuillères à soupe (70 g) de beurre doux, à répartir

1 tasse (235 ml) de lait entier

1 tasse (125 g) de farine de blé

1 cuillère à café de sel

1 pincée de poivre blanc fraichement moulu

4 œufs

6 onces (170 g) de Gruyère ou de fromage suisse, râpé (environ 2 tasses)

1 cuillère à café de moutarde de Dijon

1 pincée de piment de Cayenne

cheese °
fromage

# EGGS JEANNETTE

## INGREDIENTS:

6 large hard-cooked eggs
(See page 44 for methods.)

2 tablespoons (28 ml) milk

2 cloves garlic, chopped fine

2 tablespoons (8 g)
chopped fresh parsley

¼ teaspoon kosher salt

¼ teaspoon freshly
ground black pepper

1½ tablespoons
(25 ml) peanut oil

## SAUCE:

Approximately
2 tablespoons (30 g)
leftover egg yolk mixture

2 teaspoons
Dijon-style mustard

2 teaspoons red wine vinegar

1 tablespoon (15 ml) water

Dash kosher salt

1 or 2 grinds freshly
ground black pepper

¼ cup (60 ml) olive oil

My French grandmother used to make a fun and unique deviled egg. Flat-topped, browned in butter, and topped with a bit of sauce, these eggs are great on top of a salad for lunch. Make your own variations including meat, fish, shrimp, or vegetables. Just be sure all the ingredients are cooked before stuffing!

FOR THE EGGS:

Cut the cooked eggs in half lengthwise at the widest point. Remove the yolks, place them in a flat-bottomed bowl, and mash the yolks with a fork.

In the same bowl mix the egg yolks with the milk, garlic, parsley, salt, and pepper. The mixture should be moist and hold together.

Using a small spoon and your fingers, gently restuff the whites with the yolk mixture only until it is flat, and reserve approximately 2 tablespoons of the mixture for the dressing. You may need to scrape the sides of the bowl with a rubber spatula.

Heat the peanut oil in a nonstick skillet. When the oil is hot, put the egg halves, stuffed side down, in the skillet and fry over medium heat for about 2 minutes until the stuffed side is beautifully brown. You can use a fork to lift them and check.

Remove the eggs from the skillet and arrange them on a platter.

FOR THE SAUCE:

Put the remaining ingredients except the olive oil in a food processor and, with the motor running, add the oil slowly.

Pour the sauce on top of and around the eggs and serve.

If you don't have a food processor, mix everything together except the oil, as above, and add the oil slowly while whisking.

# ŒUFS JEANNETTE

Ma grand-mère française avait pour habitude de faire des œufs mimosas amusants et uniques. Aplatis sur le dessus, dorés au beurre, et nappés d'un peu de sauce, ces œufs sont parfaits sur une salade à l'heure du déjeuner. Vous pouvez créer votre propre version en ajoutant de la viande, des crevettes ou des légumes. Assurez-vous juste que tous les ingrédients soient cuits avant de farcir les œufs!

POUR LES ŒUFS:

Couper les œufs cuits en deux sur la longueur à partir du sommet le plus large. Enlever les jaunes, les mettre dans un bol à fond plat et les écraser avec une fourchette.

Dans le même bol, mélanger les jaunes avec le lait, l'ail, le persil, le sel et le poivre. Le mélange doit être moelleux et homogène.

Utiliser une petite cuillère et vos doigts pour farcir les blancs avec le mélange jusqu'à ce qu'il soit bien aplati, et réserver environ 2 cuillères à soupe du mélange pour la vinaigrette. Vous devrez peut-être racler les parois du bol avec une spatule en caoutchouc.

Chauffer l'huile d'arachide dans une poêle anti-adhésive. Quand l'huile est chaude, poser les moitiés d'œufs, côté farci vers le bas, et faire frire à feu moyen environ 2 minutes jusqu'à ce que le côté farci soit magnifiquement doré. Vous pouvez utiliser une fourchette pour les retourner et vérifier.

Retirer les œufs de la poêle et les disposer sur un plat.

POUR LA VINAIGRETTE:

Mettre les ingrédients restants excepté l'huile d'olive dans un robot. Mettre en marche et verser l'huile lentement.

Verser la vinaigrette sur et autour des œufs puis servir.

Si vous n'avez pas de robot, mélangez tout ensemble sauf l'huile d'olive, comme indiqué ci-dessus, et versez l'huile lentement tout en fouettant.

*mustard ○ moutarde*

*garlic ○ ail*

POUR 6 PERSONNES:

- - - - - - - - - - - - - - -

INGRÉDIENTS:

6 gros œufs durs
(Voir page 45 pour la cuisson.)

2 cuillères à soupe (28 g) de lait

2 gousses d'ail,
hachées finement

2 cuillères à soupe (8 g)
de persil frais haché

¼ de cuillère à café de sel

¼ de cuillère à café de poivre
noir fraîchement moulu

1 cuillère et demie
(25 g) d'huile d'arachide

VINAIGRETTE:

Approximativement
2 cuillères à soupe du reste du
mélange des jaunes d'œufs

2 cuillères à café de
moutarde de Dijon

2 cuillères à café de
vinaigre de vin rouge

1 cuillère à soupe (15 ml) d'eau

1 pincée de sel

1 ou 2 tour de moulin
de poivre noir

¼ de tasse (60 ml)
d'huile d'olive

# Cauliflower SOUFFLÉ

The story of this soufflé dates to when my grandmother married my grandfather. She was about eighteen, she didn't know how to cook very much, but knew he liked soufflé. So she made hers this way, without separating the eggs, and it worked! It does not rise as much as a traditional soufflé, but it is delicious and so much easier! She never added cauliflower; that is just me.

## SERVES 8

--------

### INGREDIENTS:

7 tablespoons (100 g) unsalted butter

1 cup (240 g) cauliflower purée (see instructions)

⅓ cup (41 g) all-purpose flour

2 cups (475 ml) whole milk

½ teaspoon kosher salt

1 pinch freshly ground white pepper

6 eggs

6 ounces (170 g) Gruyére or Swiss cheese, grated (about 2 cups)

2 tablespoons (6 g) minced chives

PREPARATION:

Preheat the oven to 375°F (190°C).

Butter a 9 x 13-inch (23 x 33 cm) glass dish or 6-cup soufflé dish with 1 tablespoon (15 g) of the butter.

For the purée, cut about one-quarter of a whole cauliflower, including the stem but not the green, into pieces smaller than 1½ inches (3.5 cm). Bring the cauliflower to a high boil in salted water, turn down to a simmer, and cook until very soft (about 10–12 minutes). Drain very well. Purée the cooked cauliflower in a food processor or by hand, making sure that all the water is removed.

While the cauliflower is cooking, melt the remaining 6 tablespoons (85 g) of butter in a saucepan and add the flour. Cook on medium heat for 2 minutes.

Whisk in the milk. Add the salt and pepper.

Bring to a simmer while stirring with a whisk, then remove from the heat. The sauce should be thick and smooth. Allow to cool. You've just made béchamel!

Beat the eggs with a fork very well, as you would for an omelet.

Mix the eggs, cheese, cauliflower purée, and chives into the cooled white sauce. Mix well.

Pour the mixture into the glass or soufflé dish and bake for 30 to 40 minutes. It should be puffy, lightly browned on the top, and dry in the middle.

Serve as soon as possible.

whisk *fouet*

# SOUFFLÉ au chou-fleur

L'histoire de ce soufflé remonte au temps où ma grand-mère a épousé mon grand-père. Elle avait environ 18 ans, ne savait pas très bien cuisiner, mais elle savait qu'il aimait le soufflé. Alors elle en a fait un à sa façon, sans séparer les œufs, et ça a fonctionné! Il ne monte pas autant qu'un soufflé traditionnel, mais il est délicieux et tellement plus facile! Elle n'a jamais ajouté de chou-fleur; ça, c'est juste moi!

PRÉPARATION:

Préchauffer le four à 375°F (190°C)

Beurrer un moule en verre de 9 x 13-pouces (23 x 33 cm) ou un moule à soufflé (capacité de 6 tasses) avec 1 cuillère à soupe (15 g) de beurre.

Pour la purée, couper environ le quart d'un chou-fleur entier, y compris la tige, mais pas la verdure, en morceaux de moins d'1 pouce et demi (3,5 cm) de diamètre.

Porter le chou à ébullition dans de l'eau salée, puis baisser le feu et laisser mijoter jusqu'à ce que le chou soit très tendre (de 10 à 12 minutes). Bien égoutter. Ecraser le chou-fleur cuit dans un robot ou à la fourchette, en vous assurant que toute l'eau soit retirée.

Pendant que le chou-fleur cuit, faire fondre les 6 cuillères à soupe (85 g) de beurre restant dans une casserole et ajouter la farine. Cuire à feu moyen pendant 2 minutes.

Y incorporer le lait tout en fouettant. Ajouter le sel et le poivre.

Porter le lait à ébullition tout en remuant avec un fouet, puis sortir du feu. La sauce doit être épaisse et lisse. Laisser refroidir. Vous venez de faire de la béchamel!

Battre avec vigueur les œufs à la fourchette, comme vous le feriez pour une omelette.

Mélanger les œufs, le fromage, la purée de chou-fleur et la ciboulette dans la sauce blanche refroidie. Bien mélanger.

Verser le mélange dans le moule en verre ou à soufflé et cuire 30 à 40 minutes. Il doit être gonflé, légèrement doré sur le dessus, et sec au milieu.

Servir dès que possible.

## POUR 8 PERSONNES:

### INGRÉDIENTS:

7 cuillères à soupe (100 g) de beurre doux

1 tasse (240 g) de purée de chou-fleur (voir les instructions)

⅓ de tasse (41 g) de farine

2 tasses (475 ml) de lait entier

½ cuillère à café de sel

1 pincée de poivre blanc fraichement moulu

6 œufs

6 oz (170 g) de gruyère ou de fromage suisse, râpé (environ 2 tasses)

2 cuillères à soupe (6 g) de ciboulette hachée

cauliflower °
chou-fleur

chives °
ciboulette

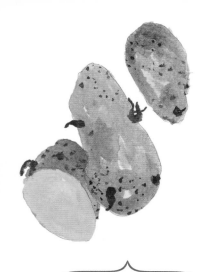

# VICHYSSOISE

Here is one of those recipes that everyone should make. It is a soup for all seasons! Vichyssoise is a cold, blended soup that is often finished with chopped chives. Since it is made with potatoes and leeks, you still need to cook it before it is served chilled. When it is hot and not blended, it is called *parmentier*. We often serve it blended and hot.

## SERVES 6

- - - - - - - -

### INGREDIENTS:

3 leeks, sliced and washed (about 3½ to 4 cups [312 to 356 g])

4 tablespoons (55 g) unsalted butter

1 tablespoon (15 ml) canola oil

1 medium yellow onion, peeled and diced (about 1½ cups [240 g])

2 to 3 garlic cloves, finely chopped

2 teaspoons (6 g) kosher salt, divided

¼ cup (60 ml) water

4 cups (950 ml) chicken stock (low sodium or homemade)

1¼ pounds (570 g) russet potatoes, peeled and sliced ½-inch (1 cm) thick

1 cup (235 ml) whole milk

2 teaspoons freshly ground white pepper

2 tablespoons (6 g) minced chives for garnish

PREPARATION:

To clean the leeks: Remove the outermost layer and discard. Trim the top and chop the rest, including the green, in about ½-inch (1 cm) pieces. Rinse very well in a colander as leeks can contain a lot of dirt and sand.

In a large pot (10 quarts [9.4 L]) on medium-high heat, melt the butter and oil, then add the onion, leeks, garlic, and 1 tablespoon (19 g) of the salt. Sauté until the onions begin to turn translucent, stirring occasionally. If it is browning, add the water and continue to cook until the water has evaporated. This will allow you to get everything cooked but not browned. It will take about 10 minutes. If you need to add more water to prevent browning, just be sure to sauté until all the water is evaporated.

Add the chicken stock and the sliced potatoes and stir well. Bring to a light boil, then lower the heat to simmer gently, stirring occasionally, until the potatoes begin to fall apart, approximately 20 minutes.

When the potatoes are soft, purée the soup in a blender or food processor or with an immersion blender. The soup should be quite thick.

Return to the stove and add the milk, season with the remaining salt and white pepper, and bring back to a simmer. Serve garnished with 2 teaspoons minced chives or chill and serve cold.

Always wash your kitchen knives by hand, never in the dishwasher. It will dull the blade. When washing and drying them, keep the blade away from your palm.

Potato ○ pomme de terre

# VICHYSSOISE

Voici une de ces recettes que tout le monde devrait faire. C'est une soupe pour toutes les saisons! La Vichyssoise est une soupe froide mixée qui est souvent garnie de ciboulette hachée. Comme on utilise des pommes de terre et des poireaux, vous devez quand même cuisiner avant de la servir froide. Quand elle est chaude et non mixée, cela s'appelle un Parmentier. Nous la servons souvent mixée et chaude.

PRÉPARATION:

Pour nettoyer les poireaux: enlever les couches extérieures et les jeter. Tailler la tête et émincer le reste, verdure incluse, en petits morceaux d'environ 1 cm, et bien rincer dans une passoire car les poireaux peuvent contenir beaucoup de terre et de sable.

Dans une grande casserole (9,4 L) et à feu moyen, faire fondre le beurre et l'huile, puis ajouter l'oignon, les poireaux, l'ail et une cuillère à soupe de sel. Faire suer les oignons jusqu'à qu'ils soient translucides, en remuant de temps en temps. S'ils colorent, ajouter de l'eau et continuer à cuire jusqu'à ce que l'eau s'évapore. Cela vous permettra de tout cuire sans que cela ne colore. Cela prendra environ 10 minutes. Si vous avez besoin d'ajouter plus d'eau pour empêcher que ça ne colore, assurez-vous juste de faire revenir jusqu'à ce que l'eau s'évapore.

Ajouter le bouillon de poulet et les pommes de terre coupées et bien remuer. Porter à ébullition puis baisser le feu et laisser mijoter, en mélangeant de temps en temps, jusqu'à ce que les pommes de terre commencent à se défaire, pendant environ 20 minutes.

Quand les pommes de terre sont tendres, mouliner la soupe dans un mixeur, un robot, ou avec un mixeur plongeant. La soupe doit être assez épaisse.

Remettre sur le feu, ajouter le lait, assaisonner avec le reste du sel et du poivre blanc, et remettre à frémir. Servir garni de 2 cuillères à café de ciboulette hachées ou placer au réfrigérateur et servir froid.

## POUR 6 PERSONNES

### INGRÉDIENTS:

3 poireaux, tranchés et lavés (environ 3½ à 4 tasses [312 à 356 g])

4 cuillères à soupe (55 g) de beurre doux

1 cuillère à soupe (15 ml) d'huile de colza

1 oignon jaune moyen, pelé et coupé en dés (environ 1 tasse ½ [240 g])

2 à 3 gousses d'ail, hachées finement

2 cuillères à café de sel, à répartir

¼ de tasse (60 ml) d'eau

4 tasses (950 ml) de bouillon de poulet (pauvre en sel ou fait maison)

570 g de pomme de terre (Russet), pelées et coupées en morceaux d' 1 cm d'épaisseur

1 tasse (235 ml) de lait entier

2 cuillères à café de poivre blanc fraîchement moulu

2 cuillères à soupe (6 g) de ciboulette hachée pour la garniture

simmer ° frémir

Lavez toujours vos couteaux de cuisine à la main et pas au lave-vaisselle car cela ternira la lame. Quand vous les lavez et les séchez, gardez la lame loin de votre paume.

Leek ° poireau

# To Continue

When choosing your main course, it's important to consider what else you are serving. This will allow you to create a balanced and terrific meal. For instance, if you are making a simple and light fish, you can choose a hearty side dish to accompany it, but if you are making a beef stew, I think it would be best to serve something lighter with it. Also, think about the seasons and the weather. No one really wants to eat a heavy and rich meal when it's hot outside. But when it's cold, a lamb chop with herbs of Provence or *Chicken with Cream Sauce* (page 38) beats a green salad any day!

# Pour Continuer

Quand vous choisissez votre plat principal, il est important de réfléchir à ce que vous allez servir avec. Cela vous permettra de créer un repas équilibré et fantastique. Par exemple, si vous cuisinez un poisson simple et léger, vous pouvez choisir un accompagnement solide, par contre si vous cuisinez un ragoût de bœuf, je pense qu'il serait mieux de servir quelque-chose de plus léger avec. De plus, réfléchissez aux saisons et au temps. Personne ne veut vraiment manger un repas lourd et riche quand il fait trop chaud à l'extérieur. Mais quand il fait froid, une côte d'agneau aux herbes de Provence ou un Poulet à la Crème (page 39) valent mieux qu'une salade verte!

# Cheese FONDUE

While many people celebrate on Christmas day, our big holiday meal is on Christmas Eve. Christmas Day is just our little family. And cheese fondue, a green salad served with shallot vinaigrette, followed perhaps by some leftover *bûche de Noël* is our tradition.

INGREDIENTS:

1 large baguette

3 tablespoons (45 g) unsalted butter

2 garlic cloves, finely chopped (2 teaspoons)

1 cup (235 ml) dry white wine

1½ cups (355 ml) chicken stock

¾ teaspoon kosher salt

¼ teaspoon freshly ground white pepper

5 cups grated cheese (approximately 20 ounces [567 g]), half Gruyére, half Comté

PREPARATION:

Cut the baguette into 1-inch (2.5 cm) slices. Cut each slice into quarters. The yield should be 15 to 20 pieces per person or about 10 cups.

Melt the butter in a medium (4-quart [4 L]), heavy-bottomed sauce pot on medium-high heat. Add the garlic. Sauté for 30 seconds, then add the wine and the chicken stock together.

When the liquid comes to a simmer, add the salt, pepper, and the cheese. Stir gently and bring just to a boil. Now it is ready to bring to the table.

Keep the fondue warm during the meal with a fondue pot, electric slow cooker, or portable burner.

With a fork, spear the bread through the tender white interior until the tines just break through the crust. Slide the bread along the bottom of the fondue pot, collecting the cheese. Twirl like pasta and bring the cheesy bread to your plate. Allow to cool for a few seconds, then enjoy.

Finally, we make the "soup." When most of cheese is gone and only a few lumps are sticking to the bottom, add enough bread into the pot to absorb the remaining liquid. Stir well, scraping the bottom, and spoon onto your plates.

*Melt fondue*

On the subject of wine in a dish, the alcohol evaporates completely during the cooking process. But if you're not comfortable adding wine to a dish, you can use stock or even water.

# FONDUE au Fromage

Alors que la plupart des gens célèbre le jour de Noël, notre grand repas de fête se passe le soir du réveillon. Le jour de Noël, c'est juste notre petite famille. Et la fondue au fromage est notre tradition, avec une salade verte servie d'une vinaigrette aux échalotes, suivie peut-être par les restes de *bûche de Noel*.

PRÉPARATION:

Couper la baguette en tranches de 2.5 cm. Couper chaque tranche en quartiers. Cela devrait donner entre 15 et 20 morceaux par personne, soit environ 10 tasses.

Faire fondre le beurre à feu moyen dans une casserole à fond épais. Ajouter l'ail. Faire revenir pendant 30 secondes, puis ajouter le vin et le bouillon de poulet en même temps.

Quand le liquide frémit, ajouter le sel, le poivre et le fromage. Mélanger doucement et porter à ébullition. C'est maintenant prêt à être posé à table.

Garder la fondue chaude pendant le repas grâce à un plat à fondue, une mijoteuse électrique ou un brûleur portatif.

Avec une fourchette, piquer le pain par la mie jusqu'à transpercer la croûte. Glisser le pain au fond du pot à fondue, en récupérant le fromage. Faire tourner comme pour des pâtes et ramener le pain au fromage dans votre assiette. Laisser refroidir quelques secondes puis déguster.

A la fin, nous faisons "la soupe." Quand presque tout le fromage a disparu et que seuls quelques morceaux restent collés au fond, ajouter assez de pain dans le pot pour absorber le liquide restant. Remuer bien, racler le fond, et mettre dans votre assiette à l'aide d'une cuillère.

## POUR 4 PERSONNES

- - - - - - - - - - - - - - -

INGRÉDIENTS:

Une longue baguette

3 cuillères à soupe
(45 g) de beurre doux

2 gousses d'ail, finement
hachées (2 cuillères à café)

1 tasse (235 ml) de vin blanc sec

1 tasse ½ (355 ml) de
bouillon de poulet

¾ de cuillère à café de sel

¼ de poivre blanc
fraichement moulu

5 tasses de fromage râpé
(environ 567 g), moitié
Gruyère, moitié Comté

A propos du vin dans un plat, l'alcool s'évapore complètement pendant la cuisson. Mais si vous n'êtes pas à l'aise pour ajouter du vin à un plat, vous pouvez utiliser du bouillon ou même de l'eau.

Salt ○ sel

Fork ○
fourchette

INGREDIENTS:

3 boneless, skinless chicken breast halves (each about 7 ounces [198 g]), cut into 1 to 1½-inch (2.5 to 3.5 cm) cubes

½ teaspoon kosher salt

½ teaspoon freshly ground black pepper

3 to 4 tablespoons (23 to 31 g) instant flour, such as Wondra, divided

2½ tablespoons (40 ml) canola oil

1 tablespoon (10 g) chopped garlic

3 tablespoons (12 g) chopped parsley

½ tablespoon (7 g) softened unsalted butter

1 lemon, quartered

# Chicken Breasts with
# GARLIC AND PARSLEY

A mixture of garlic and parsley called *persillade*, used to finish a dish, is considered very traditional in France. And it is, of course, a classic way to serve frog's legs. In this recipe, we are using it to finish chicken breasts that are cubed, dredged in Wondra flour, and sautéed.

PREPARATION:

Cut the chicken into cubes and pat dry with paper towels. Season with salt and pepper. To cut the chicken breasts, I cut long strips and then make cubes. Be sure to pat the chicken dry before applying the salt, pepper, and flour—it will sauté much better—and use a large, 12-inch (30 cm) nonstick skillet so the pieces can be in 1 layer in the pan.

Place the seasoned chicken on a tray or large plate that has 2 tablespoons (16 g) of the Wondra flour sprinkled on it, then sprinkle the remaining flour on top of the chicken and shake the tray a bit to get the sides. Wondra is a "cooked" flour; it is very fine, so it does not get gummy when used to sauté. I use it on fish as well.

Heat the oil in a 12-inch (30 cm) nonstick skillet until very hot but not smoking, add the chicken cubes, and cook in one layer, turning occasionally, for about 3½ minutes.

Combine the garlic, parsley, and butter in a small bowl to make a *persillade*. Add the *persillade* to the skillet and sauté for another minute, shaking the pan occasionally to coat the chicken with the mixture.

To serve, divide among 4 plates, add a wedge of lemon to each plate, and serve within the next 10 minutes.

Chicken ∘ poulet

If you can't find Wondra, or another cooked or instant flour, regular flour will work—just be sure to lightly coat the chicken.

# Sauté de poulet–
# PERSILLADE

Le mélange d'ail et persil appelé persillade, utilisé pour garnir un plat, est considéré comme très traditionnel en France. Et c'est, bien entendu, une façon classique de servir les cuisses de grenouilles. Dans cette recette, nous l'utilisons pour accompagner des filets de poulet coupés en dés, saupoudrés de farine (Wondra), puis sautés.

PRÉPARATION:

Couper le poulet en dés et l'essuyer en le tapotant avec du papier absorbant. Assaisonner avec sel et poivre. Pour couper les filets de poulet, je découpe de longues bandes puis je fais des dés. Veillez à bien essuyer le poulet avant d'y mettre le sel, le poivre et la farine—il cuira bien mieux—et utilisez une grande poêle anti-adhésive (30 cm) pour que les morceaux puissent cuire en une seule couche.

Placer le poulet assaisonné sur un plat ou une grande assiette saupoudrée de farine Wondra, puis parsemer le reste de farine sur le poulet et secouer un peu le plat pour atteindre les côtés. La farine Wondra est une farine "cuite;" elle est très fine, comme ça elle ne devient pas collante quand elle est utilisée pour frire. Je l'utilise aussi avec le poisson.

Chauffer l'huile dans une poêle anti-adhésive (30 cm) jusqu'à ce qu'elle devienne très chaude mais pas brûlante. Ajouter les dés de poulet et cuire sans qu'ils se superposent, en les tournant de temps en temps, pendant environ 3 minutes et demie.

Mélanger l'ail, le persil et le beurre dans un petit bol pour faire la persillade. Ajouter la persillade dans la poêle et faire revenir une minute de plus, en secouant la poêle de temps en temps pour enrober le poulet avec la mixture.

Pour servir, répartir sur 4 assiettes en y ajoutant à chacune une tranche de citron, et servir dans les 10 minutes.

## POUR 4 PERSONNES:

- - - - - - - - - - - - - - - -

### INGRÉDIENTS:

3 filets de de poulet sans peau (chacun d'environ 198 g), coupés en dés de 2.5 à 3.5 cm.

½ cuillère à café de sel

½ cuillère à café de poivre noir fraîchement moulu

3 à 4 cuillères à soupe (23 à 31 g) de farine Wondra

2½ cuillères (40 ml) à soupe d'huile de colza

1 cuillère à soupe (10 g) d'ail haché

3 cuillères à soupe (12 g) de persil haché

½ cuillère à soupe (7 g) de beurre pommade doux

1 citron coupé en quartiers

Si vous ne trouvez pas de Wondra, ni de farine cuite ou instantanée, la farine ordinaire fera l'affaire, assurez-vous juste de saupoudrer le poulet plus légèrement.

Lemon ○
citron

Parsley ○
persil

INGREDIENTS:

6 ounces (170 g) slab bacon (If you can't find slab bacon, you can cut up 6 ounces of your favorite sliced bacon.)

3 pounds (1.3 kg) chuck, blade, or shank beef roast

2 tablespoons (38 g) kosher salt

1 teaspoon freshly ground black pepper

1½ tablespoons (21 g) unsalted butter

1 pound (455 g) sliced mushrooms (You can buy them sliced in many stores.)

2 medium yellow onions (14 ounces [397 g]), ½-inch (1 cm) dice (about 2 cups diced)

4 whole carrots (10 ounces [280 g]), ½-inch (1 cm) slices (about 2 cups)

1 large celery stalk, minced (about ½ cup)

4 garlic cloves, smashed, peeled, and chopped (about 2 tablespoons [20 g])

1 tablespoon (2.4 g) thyme leaves, picked (about 7 sprigs)

1 bay leaf

3 tablespoons (24 g) all-purpose flour

1½ cups (355 ml) good fruity red wine

3 cups chicken (710 ml) or beef broth

# *Boeuf* BOURGUIGNON

We often make this beef stew on the same day we make the first fire of the season. Make it a day ahead or freeze for later; it only gets better and better. My father thinks I use too many mushrooms, but I like it that way. You should make it the way you like, too. We serve ours with buttered egg noodles, but it's also great with mashed potatoes or rice.

PREPARATION:

Remove the skin from the bacon and cut into ½ x ½ x 1-inch (1 x 1 x 2.5 cm) pieces. Sauté in a heavy 12-quart (11.3 L) dutch oven (or sauce pot with a lid) until beginning to brown but still tender. Remove the bacon pieces and set aside.

Cut the beef into 1-inch (2.5 cm) dice and toss with the salt. Sauté the beef in the bacon fat (in batches if necessary) until nicely browned. Remove the beef and reserve. Pour off most of the fat and discard.

Lower the heat to medium low and add the butter. Scrape the bottom of the pan with a wooden spatula. Add the mushrooms, onions, carrots, celery, garlic, thyme leaves, and bay leaf with a pinch of salt and sauté until the vegetables just begin to soften, 2 to 3 minutes.

Sprinkle the flour on top of the vegetables and mix well. Continue to cook for another 2 to 3 minutes.

Add the wine and the broth. Scrape the bottom of the pan to incorporate the *fond* (yummy brown bits on the bottom). Add the beef and the bacon into the pot. Stir well.

Simmer on the stove top until the beef is very tender, stirring occasionally, about 2 hours and skim any fat that collects on the surface.

SERVING SUGGESTION: Egg noodles

Beef · boeuf

Egg noodles · pâtes aux œufs

# Bœuf BOURGUIGNON

Nous faisons souvent ce bœuf en sauce le jour où nous allumons le 1er feu de cheminée de la saison. Faites-le la veille ou congelez le pour plus tard; il n'en sera que meilleur de jour en jour. Mon père pense que j'utilise trop de champignons, mais je l'aime de cette façon. Vous devriez aussi le faire à votre goût. Nous servons le nôtre avec des pâtes aux œufs, mais c'est aussi bon avec de la purée ou du riz.

## PRÉPARATION:

Retirer la peau du lard et couper en morceaux de 1 x 1 x 2.5 cm. Faire revenir dans une cocotte en fonte (ou une casserole avec un couvercle) jusqu'à ce qu'il commence à dorer mais qu'il soit encore tendre. Retirer les morceaux de lards et réserver.

Couper le bœuf en dés de 2.5 cm et mélanger avec le sel. Le faire revinir dans le gras du lard (en plusieurs fois si nécessaire) et le faire revenir jusqu'à ce qu'il soit joliment doré. Retirer le bœuf et réserver. Jeter l'excédent de gras.

Mettre à feu doux et ajouter le beurre. Gratter le fond de la cocotte avec une cuillère en bois. Ajouter les champignons, les oignons, les carottes, le céleri, l'ail, les feuilles de thym et la feuille de laurier avec une pincée de sel et faire revenir jusqu'à ce que les légumes commencent à être juste tendres, 2 à 3 minutes.

Saupoudrer la farine sur les légumes et bien mélanger. Continuer à cuire 2 à 3 minutes de plus.

Ajouter le vin et le bouillon. Déglacer le fond de la cocotte en grattant avec une cuillère en bois (pour décoller les bons petits morceaux restés accrochés). Ajouter le bœuf et le lard dans la cocotte. Bien mélanger.

Faire mijoter environ 2h jusqu'à ce que le bœuf soit très tendre, en remuant de temps en temps et en écumant le gras qui se forme à la surface.

SUGGESTION D'ACCOMPAGNEMENT: des pâtes aux œufs.

Mushrooms ° champignons

170 g (6 oz) de lard fumé. (Si vous ne trouvez pas de pavé de lard, vous pouvez utiliser 170 g de votre lard en tranches préféré.)

3 livres (1,3 kg) d'épaule ou de jarret de bœuf rôti.

2 cuillères à soupe (38 g) de sel

1 cuillère à café de poivre fraichement moulu

1 cuillère à soupe et demie (21 g) de beurre doux

1 livre (455 g) de champignons émincés (Vous pouvez les acheter directement en lamelles dans plusieurs magasins.)

2 oignons jaunes moyens (400 g environ/2 tasses) en dés d'1 cm.

4 carottes entières (10 onces [280 g]), coupées en tranches d' ½ pouce (1 cm). (Environ 2 tasses)

1 grande branche de céleri hachée, (environ une demi-tasse)

4 gousses d'ail, écrasées, pelées et hachées, environ 2 cuillères à soupe (20 g)

1 cuillère à soupe de feuilles de thym frais (environ 7 brins)

1 feuille de laurier

3 cuillères à soupe (24 g) de farine

1 tasse ½ (355 g) de bon vin rouge fruité

3 tasses (710 ml) de bouillon de poulet ou de boeuf

To Continue ⚹ Pour Continuer

# Claudine's *CROQUE MONSIEUR*

There are many variations of *croque monsieur*, and we had such fun choosing our favorite. Just so you know, traditionally, this sandwich is made with Gruyére and ham on sliced, home-style white bread that is buttered and cooked either in the oven or on the stove top in a pan. According to my father, if you use cooked chicken instead of ham, it's a *croque madame*.

**SERVES 4**
- - - - - - - -

INGREDIENTS:

1 baguette

4 tablespoons (55 g)
unsalted butter, divided

8 sandwich slices
Black Forest ham

12 sandwich slices Gruyére

PREPARATION:
Preheat the oven to 400°F (200°C).

Cut the baguette into 4 equal pieces. Cut each piece in half lengthwise but not all the way through. Open the sliced baguettes and press so that they stay open on a cookie sheet.

Butter the inside of each baguette piece with 1 tablespoon (15 g) of butter. Then add to each sandwich 2 slices of ham and 3 slices of cheese on top of the ham.

Warm in the oven until the cheese is melted, about 8 to 10 minutes.

Serve open-faced with your favorite soup or a salad.

Slices ° tranches

Ham ° Jambon

I cook with unsalted butter. Salt is a preservative, and sometimes your butter can spoil, but it's hard to tell since it is salted. So make the switch!

# LE CROQUE-MONSIEUR
## de Claudine

Il y a plusieurs façons de préparer un croque-monsieur, et nous nous sommes beaucoup amusés à choisir notre préférée. Sachez que, traditionnellement, ce sandwich se fait avec du Gruyère et du jambon posé sur du pain blanc maison tranché, beurré et cuit soit au four, soit sur la gazinière dans une poêle. Selon mon père, si vous utilisez du poulet cuit au lieu du jambon, c'est un *croque-madame*.

POUR 4 PERSONNES

INGRÉDIENTS:

1 baguette

4 cuillères à soupe (55 g) de beurre doux, à répartir

8 tranches de jambon blanc (Black Forest)

12 tranches de Gruyère

PRÉPARATION:

Préchauffer le four à 400°F (200°C).

Couper la baguette en 4 parts égales. Couper chaque morceau en deux sur la longueur mais sans ouvrir jusqu'au bout. Ouvrir les baguettes tranchées et appuyer dessus pour qu'elles restent ouvertes sur une plaque de cuisson.

Beurrer l'intérieur de chaque morceau de baguette avec 1 cuillère à soupe de beurre (15 g). Puis ajouter à chaque sandwich 2 tranches de jambon et 3 tranches de fromage sur le jambon.

Chauffer au four jusqu'à ce que le fromage soit fondu, environ 8 à 10 minutes.

Servir face ouverte avec votre soupe ou salade préférée.

Je cuisine avec du beurre doux (sans sel). Le sel est un conservateur, et quelques-fois votre beurre peut pourrir, mais c'est difficile à voir puisque qu'il est salé. Alors changez pour du beurre doux!

Preheat °
Préchauffer

# Lamb Chops with LEMON ZEST AND HERBS OF PROVENCE

## SERVES 4

- - - - - - - -

### INGREDIENTS:

3 tablespoons (45 ml)
canola oil, divided

2 large garlic cloves, minced

1 tablespoon fresh lemon
zest (about 1 lemon)

1½ tablespoons (4.5 g)
herbs of Provence

1 teaspoon kosher salt

½ teaspoon freshly
ground black pepper

4 lamb blade chops (6 to
8 ounces [170 to 225 g] each)

### PAN SAUCE (OPTIONAL)

½ tablespoon unsalted butter

⅓ cup (80 ml) water
or white wine

In our home, we often have a roast of lamb, especially on Easter. This recipe is great for a weeknight. We use shoulder blade chops, which are easy to find and taste wonderful. These marinated chops are also terrific on the grill, and we've provided a quick pan sauce recipe at the end if you are feeling a bit adventurous. You can, of course, use a rack of lamb, and it is delicious and divine, albeit a bit more expensive.

PREPARATION:

In a small bowl, combine 2 tablespoons (28 ml) of the canola oil, the garlic, lemon zest, herbs of Provence, salt, and pepper and stir well.

Place the lamb chops on a plate or tray. Using a spoon, cover 1 side of each of the chops with the marinade. In a large zip-lock or similar bag, place 1 chop, marinade side down, in the bottom of the bag and coat the uncoated side with marinade. Stack the next chop, uncoated side on the coated side, like a sandwich. Repeat, adding to the stack, until all the chops are in a stack and in the bag. Seal the bag tightly and refrigerate for 1 to 2 hours.

Remove the lamb from the bag, scrape off most of the marinade, and save as much of the marinade as you can if you wish to make a pan sauce.

Heat a large cast-iron or enamel pan to medium heat and add ½ tablespoon (7.5 ml) of the canola oil.

Cook the chops 5 to 7 minutes on each side. Note that these chops are cooked on a lower temperature to prevent any garlic from burning.

Remove from the pan and set aside to rest

OPTIONAL PAN SAUCE: Pour off the fat from the cooked chops, keep the heat on medium, add the reserved marinade, and sauté while stirring for 1 minute. Add the butter and water or wine. Turn up the heat and bring to a strong boil while using a wooden spatula to scrape the bottom of the pan to release all the brown bits. Pour the sauce over the lamb chops and serve. My preference would be with a gratin *dauphinois*!

Lamb ○ agneau

Pepper ○ poivre

# Côtelettes d'agneau avec
# ZESTE DE CITRON ET
# HERBES DE PROVENCE

A la maison, nous mangeons souvent du rôti d'agneau, particulièrement à Pâques. Cette recette est idéale pour un soir de semaine. Nous utilisons des côtes découvertes, qui sont faciles à trouver et ont un très bon goût. Ces côtes marinées sont aussi formidables sur le grill, et nous vous proposons une recette rapide de sauce à faire à la casserole si vous vous sentez l'âme d'un aventurier. Vous pouvez, bien sûr, utiliser un carré d'agneau, c'est délicieux et divin, quoiqu'un peu plus cher.

## PRÉPARATION :

Dans un petit saladier, mettre 2 cuillères à soupe (28g) d'huile de colza, l'ail, le zeste de citron, les herbes de Provence, le sel, le poivre, et bien mélanger.

Poser les côtes d'agneau sur une assiette ou un plat. Avec une cuillère, recouvrir un côté de chaque côte de marinade. Dans un grand sac congélation à glissière (ou un sac similaire), disposer une côte, côté mariné vers le bas, et recouvrir l'autre côté de marinade. Empiler la 2ème côte (côté non mariné) sur la 1ère côte, comme un sandwich. Répéter l'opération, en empilant toutes les côtes jusqu'à former une pile dans le sac. Bien refermer le sac et mettre au réfrigérateur 1 à 2 heures.

Retirer l'agneau du sac, gratter le plus gros de la marinade et en récupérer le plus possible si vous souhaitez faire une sauce.

Chauffer une grande poêle en fonte ou en émail à feux moyen et ajouter ½ cuillère à soupe (7.5 ml) d'huile de colza.

Cuire les côtes 5 à 7 minutes de chaque côté. Ces côtes sont cuites à basse température pour éviter que l'ail ne brûle.

Sortir les côtes de la poêle et laisser reposer.

SAUCE (OPTIONNEL) : Vider la graisse des côtes cuites, laisser à feu moyen, ajouter la marinade mise de côté, et faire revenir en remuant pendant 1 minute. Ajouter le beurre et l'eau ou le vin. Augmenter le feu et porter à forte ébullition tout en grattant le fond de la poêle avec une cuillère en bois pour décrocher tous les petits morceaux dorés. Verser la sauce sur les côtes d'agneau et servir. Ma préférence serait de les servir avec un gratin dauphinois !

*Spoon ○ cuillère*

## POUR 4 PERSONNES

- - - - - - - - - - - - - - -

### INGRÉDIENTS :

3 cuillères à soupe (45 ml) d'huile de colza, à répartir

2 grandes gousses d'ail hachées

1 cuillère à soupe de zeste de citron frais (environ un citron)

1 cuillère à soupe ½ (4.5 g) d'herbes de Provence

1 cuillère à café de sel

½ cuillère à café de poivre noir fraîchement moulu

4 côtes découvertes (environ 170 à 225 g chacune)

### SAUCE (OPTIONNEL)

½ cuillère à soupe de beurre doux

⅓ de tasse (80 ml) d'eau ou de vin blanc

*To Continue ⋆ Pour Continuer*

# CHICKEN with Cream Sauce

Few dishes remind me more of France and my grandmother than this one. This humble chicken dish is also the first one my father ever cooked on his own professionally; he was fourteen years old. Traditionally, the addition of tarragon makes this dish *poulet à l'estragon*, and it is best served with seasoned rice.

INGREDIENTS:

1 whole, good-quality chicken (3½ to 4 pounds [1.6 to 1.8 kg]), cut into 8 pieces: 2 drumsticks, 2 thighs, 4 (half) breasts

1 small onion

Bouquet garni: 8 to 10 whole washed sprigs fresh parsley, 1 bay leaf, 8 to 10 whole washed sprigs fresh thyme tied together with kitchen twine

1 teaspoon kosher salt

½ teaspoon freshly ground black pepper

1 tablespoon (15 ml) canola oil

2 tablespoons (28 g) unsalted butter

½ cup (120 ml) white wine

½ cup (120 ml) chicken stock

1 tablespoon (15 g) unsalted butter, softened

1 tablespoon (8 g) all-purpose flour

1 cup (235 ml) heavy cream

1 tablespoon (4 g) chopped tarragon

PREPARATION:

Cut the chicken into eighths with a knife or poultry shears, leaving most of the bones and removing only the back and ribs. (You can also have your butcher or meat counter cut the chicken for you or just buy parts.)

Peel the onion, leaving the root intact. Cut in half. Prepare the bouquet garni.

Season the chicken pieces evenly with salt and pepper.

Preheat a heavy-bottomed, 12-inch (30 cm) skillet with a lid on medium. Add the oil and the 2 tablespoons (28 g) butter. Sauté the chicken pieces, skin side down, for 6 to 8 minutes. The skin should be only slightly browned.

Turn the chicken pieces over. Add the white wine, chicken stock, bouquet garni, and onion. Simmer gently, covered, for 30 to 35 minutes.

Knead together the softened butter and the flour (*beurre manié*).

When the chicken is fully cooked (internal temperature should be at least 165°F [74°C]), remove the pieces from the skillet to a serving platter. Discard the bouquet garni and the onion.

Bring the sauce to a boil and reduce to 1 cup (235 ml). Whisk in the *beurre manié*. Add the cream and bring back to a simmer for 3 to 5 minutes. Whisk to avoid scorching.

Stir in the tarragon, pour over the chicken, and serve.

Thighs ∘ cuisses

Cream ∘ crème

When defrosting, try to take the time to do it in the refrigerator; meat and especially fish will be much better.

# POULET à la crème

Peu de plats me rappellent autant la France et ma grand-mère que celui-ci. Ce modeste plat est aussi le premier que mon père a réalisé seul professionnellement; il avait 14 ans. Traditionnellement, l'ajout d'estragon donne le *poulet à l'estragon*, et il est meilleur servi avec du riz.

## PRÉPARATION:

Couper le poulet en huit avec un couteau ou des ciseaux à volaille, en laissant la plupart des os et en enlevant seulement le dos et les côtes. (Vous pouvez aussi demander à votre boucher ou au rayon boucherie de couper le poulet pour vous, ou tout simplement acheter des morceaux)

Peler l'oignon, en laissant la racine intacte. Couper en deux. Préparer le bouquet garni.

Assaisonner les morceaux de poulet uniformément avec du sel et du poivre.

Préchauffer une poêle à fond épais (12 pouces (30 cm) de diamètre) à feu moyen avec un couvercle. Ajouter l'huile et les 2 cuillères à soupe (28 g) de beurre. Faire revenir les morceaux de poulet côté peau 6 à 8 minutes. La peau doit être légèrement dorée.

Retourner les morceaux de poulet. Ajouter le vin blanc, le bouillon de poulet, le bouquet garni, et l'oignon. Faire mijoter avec le couvercle 30 à 35 minutes.

Travailler ensemble le beurre ramolli et la farine (*beurre manié*).

Quand le poulet est à cœur (sa température interne devrait être d'au moins 165°F [74°C]), enlever les morceaux de la poêle et les disposer sur un plateau. Retirer le bouquet garni et l'oignon.

Porter la sauce à ébullition et la réduire à une tasse (235 ml). Incorporer le *beurre manié* en le fouettant dans la sauce. Ajouter la crème et faire mijoter 3 à 5 minutes. Bien fouetter pour éviter de brûler le fond.

Incorporer l'estragon, verser sur le poulet et servir.

POUR 4 À 6
PERSONNES

- - - - - - - -

INGRÉDIENTS:

1 poulet entier de bonne qualité (3 livres et demie à 4 livres [1,6 à 1,8 kg]), coupés en 8 morceaux: 2 pilons, 2 cuisses, 4 demi poitrines

1 petit oignon

1 bouquet garni: 8 à 10 brins de persil frais lavés, 1 feuille de laurier, 8 à 10 brins de thym frais lavés, le tout attaché ensemble avec de la ficelle de cuisine

1 cuillère à café de sel

½ cuillère à café de poivre noir fraîchement moulu

1 cuillère à soupe (15 ml) d'huile de colza

2 cuillères à soupe (28 g) de beurre doux

½ tasse (120 ml) de vin blanc

½ tasse (120 ml) de bouillon de poulet

1 cuillère à soupe (15 g) de beurre pommade sans sel

1 cuillère à soupe (8 g) de farine

1 tasse (235 ml) de crème épaisse

1 cuillère à soupe (4 g) d'estragon haché

Quand vous décongelez, essayez de prendre le temps de le faire dans le réfrigérateur; la viande et surtout le poisson seront de meilleure qualité.

Tarragon °
estragon

To Continue * Pour Continuer

# Ham and Leek QUICHE

We love quiche! Served with a soup and a salad, it makes a delightful meal. It is also wonderful to bring to a friend's house, since it is perfect at room temperature. We removed what I think is the most difficult part, making the dough, and have used store-bought Pepperidge Farm puff pastry dough that is found in the freezer section of most grocery stores. I hope you like this as much as we do!

### INGREDIENTS:

1 leek, washed and chopped (about ½ cups [134 g] raw)

4 tablespoons (28 g) unsalted butter

4 ounces (115 g) premium deli ham, diced (about 1 cup)

4 ounces (115 g) Swiss cheese, finely grated (about 1 cup)

3 eggs

2 egg yolks

1¼ (295 ml) cups heavy cream

¼ teaspoon kosher salt

¼ teaspoon freshly ground black pepper

1 sheet (10 x 10 inches [25 x 25 cm]) unsweetened puff pastry (such as Pepperidge Farm)

PREPARATION:

Preheat the oven to 350°F (180°C).

Cut the leek in half lengthwise and wash thoroughly between each of the leaves. Cut off the top part of the leek that is dark green and leathery. (Lighter-green leaves are perfectly tender and delicious.)

Cut off the bottom, including the roots and about ¼ inch (6 mm) of the white stem. Chop medium to fine, about ½ inch (1 cm).

Sauté the leeks with butter and a pinch of salt on medium-low heat, until tender, 6 to 8 minutes. You may need to add a little water to prevent browning. Set aside to cool.

Dice the ham and grate the cheese.

Whisk together the 3 eggs and the 2 egg yolks. After they're well beaten, add the cream, remaining salt, and pepper. Stir in the grated cheese and the cooked leeks.

Butter the glass pie pan with 1 to 2 teaspoons of butter.

Roll the 10 x 10-inch (25 x 25 cm) puff pastry to 12 x 12 inches (30 x 30 cm), about ⅛-inch (3 mm) thick.

Gently press the rolled puff pastry into the buttered pie pan.

Use a paring knife to trim the hanging corners/edges. Press the scrap pieces onto the pastry in the pan to fill in any gaps.

Prick the bottom of the dough evenly with a fork in 8 to 10 places.

Fill the pie shell with the egg, cream, cheese, and leek mixture, then evenly distribute the ham. Stir gently for even distribution.

Place the quiche on a sheet tray and into the preheated oven. Bake for 20 minutes on 350°F (180°C), then lower the heat to 300°F (150°C) and bake for 1 hour, until the top is slightly browned, puffed in the middle, and a cake tester comes out clean. The crust should be thoroughly browned across the bottom.

Allow to cool for 10 minutes before cutting.

Dough ∘ pate

Delicious ∘ délicieux

# QUICHE au jambon et aux poireaux

Nous adorons la quiche! Servie avec une soupe ou une salade, cela donne un repas délicieux. C'est aussi très sympa de l'emmener chez un ami puisque la quiche est parfaite à température ambiante. Nous avons enlevé ce que je pense être la partie la plus difficile de la fabrication : la pâte. Nous avons utilisé la pâte feuilletée Pepperidge Farm achetée en magasin, et que l'on trouve au rayon surgelé ou frais de la plupart des supermarchés. J'espère que vous aimerez cette recette autant que nous l'aimons!

PRÉPARATION:

Préchauffer le four à 350°F (180°C)

Couper le poireau en deux sur la longueur et le laver soigneusement entre chaque feuille. Enlever la partie supérieure du poireau aux feuilles vertes et épaisses. (Les feuilles vert pâle sont parfaitement tendres et délicieuses.)

Couper le bas, c'est-à-dire les racines et environ ¼ de pouce (6 mm) de la tige blanche. Hacher le poireau en morceaux moyens à fins, environ ½ pouce (1 cm).

Les faire revenir avec du beurre et une pincée de sel à feu moyen-doux, jusqu'à ce qu'ils soient tendres, entre 6 à 8 minutes. Vous devrez peut-être ajouter un peu d'eau pour éviter qu'ils ne dorent. Mettre de côté et laisser refroidir.

Couper le jambon en dés et râper le fromage.

Fouetter les 3 œufs et les 2 jaunes d'œufs ensemble. Quand ils sont bien battus, ajouter la crème, reste du sel et le poivre. Ajouter le fromage râpé et les poireaux cuits.

Beurrer le moule à tarte en verre avec 1 à 2 cuillères à café de beurre.

Etaler la pâte feuilletée de 10 par 10 pouces (25 x 25 cm) à 12 par 12 pouces (30 par 30 cm), environ ⅛ de pouce (3 mm) d'épaisseur.

Appuyer doucement sur la pâte feuilletée roulée dans le moule à tarte beurré.

Utiliser un couteau pointu pour couper les rebords. Combler les trous s'il y en a avec ces morceaux de pâte en surplus.

Piquer le fond de la pâte uniformément avec une fourchette sur environ 8 à 10 endroits.

Remplir le fond de tarte avec l'œuf, la crème, le fromage et le mélange de poireaux, puis recouvrir de jambon. Remuer délicatement pour uniformiser le mélange.

Placer la quiche sur une plaque et mettre dans le four chaud. Cuire 20 minutes à 350°F (180°C), puis baisser le feu à 300°F (150°C) et continuer la cuisson 1 heure, jusqu'à ce que le dessus soit légèrement doré, gonflé au milieu, et que la sonde à gâteau ressorte propre. La croûte doit être bien dorée sur le fond.

Laissez refroidir 10 minutes avant de découper.

## POUR 8 PERSONNES

INGRÉDIENTS:

1 poireau, lavé et haché
(environ 1½ tasse [134 g] crus)

4 cuillères à soupe
(28 g) de beurre doux

4 onces (115 g) de jambon
acheté en charcuterie, coupé
en dés (environ 1 tasse)

4 onces (115 g) de fromage
suisse, râpé finement
(environ 1 tasse)

3 œufs

2 jaunes d'œufs

1 tasse ¼ (295 ml) de
crème épaisse

¼ de cuillère à café de sel

¼ de cuillère à café de poivre
noir fraîchement moulu

1 feuille (10 x 10 pouces
[25 x 25 cm]) de pâte
feuilletée non sucrée
(comme Pepperidge Farm)

Ham °
jambon

To Continue * Pour Continuer

41

# Whole Roasted Chicken with
# HERBS OF PROVENCE

Few things say home to me more than a whole roasted chicken. It is easy to make, delicious to eat, and the kitchen smells wonderful. Herbs de Provence is a classic dried herb mixture that typically includes thyme, fennel, oregano, savory, lavender, and marjoram. This is my roast chicken, and you'll notice that I use a fair amount of water, which I like to call Château Sink. I also start the chicken breast side down, which my mom taught me, ensuring that the breast will stay moist.

PREPARATION:

Remove all innards from the cavity of the chicken. Pat the chicken dry with paper towels and leave uncovered on a plate or tray in the refrigerator for 2 to 3 hours or even overnight. This will allow the skin to dry and deliver a golden and crispy result.

Preheat the oven to 425°F (220°C).

Season the chicken evenly with the salt, black pepper, and herbs of Provence. You can even mix all three together in a little bowl to make it easier.

Place the seasoned chicken breast side down in a 13 x 10-inch (33 x 25 cm) heavy-duty roasting pan with the cloves of garlic and ¼ cup (60 ml) of water or just enough to cover the bottom of the pan.

Roast for 30 minutes.

Lower the heat to 400°F (200°C), turn the chicken over so it is breast side up, add ½ cup (120 ml) of water, scrape the pan with a wooden spatula to stir the garlic, and continue to roast for an additional 30 minutes or until the internal temperature reaches 165°F (74°C).

Remove from the oven, place the chicken and garlic on a separate platter, and allow to rest for 10 minutes before carving.

Pour off and discard most of the fat from the roasting pan, add ¼ cup (60 ml) of water to the roasting pan, and scrape with a wooden spatula. This is a natural *jus* that will be delicious with the chicken.

herbs ∘ herbes

# Poulet rôti aux
# HERBES DE PROVENCE

Rien ne me fait plus penser à la maison qu'un poulet rôti. C'est facile à faire, délicieux à manger, et la cuisine sent merveilleusement bon. Les herbes de Provence sont un mélange classique d'herbes séchées qui inclue en général du thym, du fenouil, de l'origan, de la sarriette, de la lavande et de la marjolaine. Voici la recette de mon poulet rôti, et vous remarquerez que j'utilise pas mal d'eau, que j'aime appeler Château la Pompe. Je démarre aussi le poulet poitrine vers le bas, comme ma mère me l'a appris, cela permet au blanc du poulet de rester moelleux.

## PRÉPARATION:

Vider le poulet de ses entrailles. Tapoter le poulet avec du papier absorbant et laisser à découvert sur une assiette ou un plateau dans le réfrigérateur pendant 2 à 3 heures ou même toute la nuit. Cela permettra à la peau de sécher et de la rendre dorée et croustillante après cuisson.

Préchauffer le four à 425°F (220°C).

Assaisonner le poulet uniformément avec le sel, le poivre noir, et les herbes de Provence. Vous pouvez même mélanger les trois éléments dans un petit bol pour que ce soit plus facile.

Placer le poulet assaisonné poitrine vers le bas dans un plat à rôtisserie de 13 par 10 pouces (33 x 25 cm) avec les gousses d'ail et ¼ de tasse (60 ml) d'eau ou juste assez pour couvrir le fond du plat.

Faire rôtir 30 minutes.

Baisser le feu à 400°F (200°C), retourner le poulet poitrine vers le haut, ajouter ½ tasse (120 ml) d'eau, gratter le plat avec une spatule en bois pour remuer l'ail et poursuivre la cuisson 30 minutes supplémentaires ou jusqu'à ce que la température interne atteigne 165°F (74°C).

Sortir du four, poser le poulet et l'ail dans un plat séparé, et laisser reposer 10 minutes avant de le découper.

Enlever le surplus de graisse du plat, ajoutez ¼ de tasse (60 ml) de l'eau, et gratter avec une spatule en bois. Cela produira un jus naturel qui sera délicieux avec le poulet.

Cloves ∘ gousses

Roast ∘ rôti

## POUR 6 PERSONNES

- - - - - - - - - - - - - - -

INGRÉDIENTS:

Un poulet entier de 4 livres (1,8 kg), de préférence biologique ou en élevé en plein air

1 cuillère à café de sel

½ cuillère à café de poivre noir fraîchement moulu

2 cuillères à soupe (6 g) d'herbes de Provence

1 tête et demie d'ail, environ 18 gousses avec la peau, à répartir.

1 tasse (235 ml) d'eau, à répartir

To continue ∗ Pour Continuer

43

# Salad NIÇOISE

## SERVES 8

- - - - - - - -

INGREDIENTS:

1 pound (455 g) fresh ahi
tuna or excellent-quality
tuna packed in oil, drained

½ tablespoon (4.5 g) kosher
salt, plus more to cook the
string beans and potatoes

1 teaspoon freshly
ground black pepper

¼ cup (60 ml) canola
oil, divided

8 hard-cooked eggs

8 medium
(2-inch [5 cm]) red potatoes

8 plum tomatoes

½ cup (120 ml) Vinaigrette for
a Week (see recipe, page 66)

2 heads butter lettuce

8 ounces (225 g) haricot
verts, cooked and cooled
(see recipe, page 52)

1 small can or jar
white anchovies

1 small jar *niçoise* or
picholine olives

Making *Salade Niçoise* takes time, but it's easy. Most of the preparation can be done ahead. But be sure not to dress the lettuce, as the vinaigrette will "cook" the lettuce. This is a perfect main course for a summer evening.

PREPARATION:

Cut the tuna into 8 equal chunks. Season with salt and pepper. In a medium sauté pan on high heat cook in batches. Add more oil as needed for each piece, and sear the tuna for about 10 to 12 seconds on each side. Remove from the pan and chill, then cut each piece in half for presentation.

There are three ways to hard-cook eggs: Start the eggs in cold water, bring to a boil for 8 to 10 minutes, then plunge in cold water. Place the eggs in water that is at a rolling boil, turn off the heat, cover the pot and let stand for 14 to 16 minutes. The way I was taught, use a thumbtack to make a hole in the flatter side of the egg (the air chamber). Lower the eggs into boiling water, and cook at a low boil for 9 to 11 minutes. For all methods, drain the water, shake the pan to crack the shells and add cold water to the pan. Peel under running water.

Peel the cooked eggs, and then cut in quarters the long way.

Wash the red potatoes. Place in a saucepan and cover with about 2 quarts (2 L) of cold water. Add 1 tablespoon (18 g) of salt. Bring to a boil, and then simmer until fork tender, about 12 to 14 minutes. Drain. When cool, cut in quarters.

Rinse, dry, and neatly quarter each tomato. Prepare the vinaigrette (see page 66). Tear the lettuce into bite-size pieces and wash well. Dry in a salad spinner.

All the plates should look the same. Traditionally, the tuna is in the center, on top of the lettuce, with all the rest of the cooked and seasoned ingredients neatly organized in separate piles around the outside of the plate so it looks like a clock.

To assemble the salad, toss the salad leaves with about half the vinaigrette or less, or until just damp. Divide and arrange in the center of eight plates.

In the same bowl, gently toss the haricot verts and the potatoes in 2 tablespoons (28 ml) of vinaigrette. Divide and arrange on the plates with the eggs and cooked tuna (if using jarred tuna, drain well) and drizzle with the remaining vinaigrette. Finish each plate with a few anchovies and olives and enjoy!

Tomatoes ○
tomates

Tuna ○ thon

Lettuce ○ Laitue

# Salade NIÇOISE

Préparer une salade niçoise prend du temps, par contre c'est facile à faire puisque presque toute la préparation peut se faire à l'avance. Attention à ne pas mettre la salade trop tôt car la vinaigrette la fera "cuire." C'est un plat principal idéal pour une soirée d'été.

PRÉPARATION:

Couper le thon en 8 morceaux de même taille. Assaisonner avec le sel et le poivre. Dans une poêle cuire à feuvifen plusieurs foirs. A jouter de l'huile au besoin pour chaque morceau et saisir le thon environ 10 à 12 secondes sur chaque côté. Retirer de la poêle et laisser refroidir, puis couper chaque morceau en deux pour la présentation. Faire cuire les œufs jusqu'à ce qu'ils soient durs.

Il y a 3 façons de cuire les œufs durs: Plonger les œufs dans de l'eau froide, porter à ébullition pendant 8 à 10 minutes, puis les plonger dans de l'eau froide. Placer les œufs dans l'eau bouillante, éteindre le feu, couvrir la casserole, et laisser reposer 14 à 16 minutes. La méthode que j'ai apprise: utiliser une punaise pour faire un trou sur le côté plat de l'œuf (la chambre à air), déposer les œufs délicatement dans l'eau bouillante et faire cuire à faible ébullition 9 à 11 minutes. Pour chaque méthode, on finit en vidant l'eau et en secouant la casserole pour casser les coquilles, on ajoute de l'eau froide dans la casserole, et on pèle les œufs sous l'eau courante.

Peler les œufs cuits, puis les couper en quartiers sur la longueur.

Laver les pommes de terre rouges. Les placer dans une casserole et recouvrir généreusement d'environ 2 litres d'eau froide. Ajouter 1 cuillère à soupe (18 g) de sel. Porter à ébullition, puis laisser mijoter jusqu'à ce que les pommes de terre soient tendres, environ 12 à 14 minutes. Égoutter et réserver. Une fois refroidies, couper les pommes de terre en quartiers.

Rincer, sécher, et couper soigneusement chaque tomate en quartiers. Préparer la vinaigrette (voir page 67). Déchirer la laitue en petits morceaux et bien la laver. Sécher complètement dans une essoreuse à salade.

Toutes les assiettes doivent se ressembler. Traditionnellement, le thon est au centre, sur la salade, avec le reste des ingrédients cuits et assaisonnés bien organisés en piles distinctes sur l'extérieur de l'assiette, de sorte que cela ressemble à une horloge. Pour assembler la salade, mélanger les feuilles de salade avec environ la moitié de la vinaigrette ou moins pour les humidifier. Les partager et les arranger au centre de 8 assiettes. Dans le même saladier, mélanger délicatement les haricots verts, les pommes de terre et les 2 cuillères à soupe (28 ml) de vinaigrette. Les partager et les disposer sur les assiettes avec les œufs et le thon cuit (si vous utilisez du thon en boîte, égouttez-le bien) et arroser avec le reste de la vinaigrette. Terminer chaque assiette avec quelques anchois et des olives, et régalez-vous!

## POUR 8 PERSONNES

- - - - - - - - - - - - - - -

INGRÉDIENTS:

1 livre (455 g) de thon jaune frais ou un autre thon d'excellente qualité conservé dans de l'huile, égoutté

½ cuillère à soupe (4,5 g) de sel, et un peu plus pour faire cuire les haricots verts et les pommes de terre

1 cuillère à café de poivre noir fraîchement moulu

¼ de tasse (60 ml) d'huile de colza, à répartir

8 œufs durs

8 pommes de terre rouges moyennes (d'environ 2 pouces [5 cm])

8 tomates italiennes

½ tasse (120 ml) de vinaigrette pour la semaine (voir la recette, page 67)

2 têtes de laitue

8 onces (225 g) d'haricots verts frais, cuits et refroidis (voir la recette page 53)

1 petite boîte d'anchois blanc

1 petit pot d'olives niçoises ou Picholine

To Continue * Pour Continuer

# Sautéed White Fish
# AND SECRET SAUCE

Shorey has always loved lemons. When she was about 5 years old, I made this for her and didn't remember the name of the sauce, so I called it our "secret sauce," which is a home version of a lemon *beurre blanc*. We use Wondra, since it is a cooked flour and doesn't get gummy. The bits left on the pan after cooking are helpful to thicken the sauce a bit as well as to add great flavor! If you don't want to use wine, a light chicken or vegetable stock is fine; you may wish to add a bit more lemon juice to get a better taste.

### SERVES 4
--------

INGREDIENTS:

4 fillets (5 ounces [140 g] each) cod, haddock, or similar white fish

1½ teaspoons kosher salt

1 teaspoon freshly ground white pepper

6 tablespoons (48 g) instant flour, such as Wondra (See note, page 30.)

3 tablespoons (45 g) unsalted butter, divided

2 tablespoons (28 ml) canola oil

4 tablespoons (60 ml) white wine

2 tablespoons (28 ml) lemon juice

2 tablespoons (8 g) chopped parsley

PREPARATION:

Arrange the fish fillets on a plate or small cookie sheet. Pat dry with a paper towel.

Season the fish with the salt and white pepper.

On another plate, evenly sprinkle the Wondra flour. Gently place the fish on the flour and turn to coat evenly and completely.

Heat a large sauté pan to medium-low heat. Add 2 tablespoons (30 g) of the butter and the oil to the pan.

Sauté the fish fillets on medium-low heat for 5 minutes or until golden brown. Turn each piece and continue cooking until done. The fish should flake easily when poked with a fork. Remove from the pan.

Add the white wine, and 1 tablespoon (15 ml) of the lemon juice to the sauté pan. Scrape the bottom gently to remove any bits that stuck to the pan. Stir in the remaining 1 tablespoon (15 g) of butter. Season with salt and pepper or additional lemon juice as desired.

Spoon the sauce over the fish and garnish with chopped parsley.

Flour ○ farine

Fish ○ poisson

If you have time to wash something you've used while you're cooking, do it!

# Poisson blanc sauté
## ET SA SAUCE SECRÈTE

Shorey a toujours aimé les citrons. Quand elle avait à peu près 5 ans, je lui avais préparé ce plat et je ne me souvenais plus du nom de la sauce, alors je l'ai appelé notre "sauce secrète", qui est une version maison de la sauce citron au beurre blanc. Nous utilisons de la farine Wondra, puisque c'est une farine cuite qui ne colle pas. Les petits morceaux restant dans la poêle après la cuisson aident à épaissir la sauce et donnent aussi un très bon goût! Si vous ne souhaitez pas utiliser de vin, un simple bouillon de légumes ou de poulet fera l'affaire; vous pouvez aussi ajouter un peu plus de jus de citron pour obtenir un meilleur goût.

PRÉPARATION:

Disposer les filets de poisson sur une assiette ou une petite plaque de cuisson. Tapoter le poisson pour le sécher avec du papier absorbant.

Assaisonnez avec le sel et le poivre blanc.

Sur une autre assiette saupoudrer la farine. Placer délicatement le poisson sur la farine et le tourner pour l'enrober uniformément et entièrement.

Faire chauffer une grande poêle à feu moyen-doux. Ajouter 2 cuillères à soupe (30 g) de beurre et l'huile dans la poêle.

Faire revenir les filets de poisson à feu moyen-doux pendant 5 minutes, ou jusqu'à ce qu'ils soient dorés. Tourner chaque morceau et cuire jusqu'à cuisson complète. Les poissons devraient se défaire facilement avec une fourchette. Retirer de la poêle.

Ajouter le vin blanc et 1 cuillère à soupe (15 ml) de jus de citron dans la poêle. Déglacer (racler) le fond doucement pour enlever les morceaux qui ont collés à la poêle. Incorporer 1 cuillère à soupe (15 g) du beurre restant. Assaisonner avec le sel et le poivre ou plus de jus de citron si vous le souhaitez.

Verser la sauce sur le poisson et garnir de persil haché.

POUR 4 PERSONNES
----------------

INGRÉDIENTS:

4 filets (5 onces [140 g] chacun) de cabillaud, églefin, ou poisson blanc similaire

1 cuillère à café et demie de sel

1 cuillère à café de poivre blanc fraîchement moulu

6 cuillères à soupe (48 g) de farine Wondra (Voir note, page 31.)

3 cuillères à soupe (45 g) de beurre doux

2 cuillères à soupe (28 ml) d'huile de colza

4 cuillères à soupe (60 ml) de vin blanc

2 cuillères à soupe (28 ml) de jus de citron

2 cuillères à soupe (8 g) de persil haché

Si vous avez le temps de laver un objet que vous avez utilisé pendant que vous cuisinez, alors faites-le!

Plate ° assiette

47

Jacques 13

# On the Side

Think of a side dish as the harmony to your main dish. A side dish should complement your main dish and make the whole plate come together. Imagine what everything will taste like together, and that will help you make the very best decision. I admit that sometimes I start my dinner planning with the side dish that I want most and then pick things that will go with it. So if I'm in the mood for ratatouille, chances are I'll make a roasted chicken, because I like those two things together.

# Pour l'accompagnement

Pensez votre accompagnement comme une harmonie à votre plat principal. Un accompagnement devrait être complémentaire à votre plat principal et rendre l'ensemble complètement harmonieux. Imaginez le goût que l'ensemble donnera, cela vous aidera à prendre la meilleure décision. J'admets que de temps en temps je commence à planifier mon repas avec l'accompagnement que je désire le plus, puis je choisis ensuite les éléments qui iront bien avec. Donc si j'ai envie de ratatouille, je risque de cuisiner un poulet rôti, parce-que j'adore ces deux aliments en même temps.

# Sautéed SWISS CHARD

We love Swiss chard. We grow it in the garden and eat it all summer and into the fall. In France, often the stem is the only part that is eaten, and in the United States the leaves are favored. We like both, but since the stems take longer to cook, we start them first.

PREPARATION:

Separate the leaves from the stems of the Swiss chard. Tear the leaves into approximately 3-inch (7.5 cm) pieces and wash well, until all sand and dirt is removed. Drain in a colander and set aside.

Cut the stems into pieces, about 2 x ½ inches (5 x 1 cm). Wash well.

Fill a large (8-quart [7.6 L]) sauce pot with a lid two-thirds full with cold water. Bring to a boil. Add 2 tablespoons (38 g) of the salt.

Put the trimmed stems in the boiling water. Stir and cover. The water should come back to a boil quickly—within 1 minute. Remove the cover and cook until tender.

Pour off the boiling water.

Add the Swiss chard greens and cover. Cook on medium heat, stirring occasionally, until wilted. Remove the cover and continue cooking until all the water has evaporated.

Add the butter, ½ tablespoon (9.5 g) of salt, and the pepper. Toss until all the butter is melted.

SERVES 8

--------

INGREDIENTS:

2 bunches green, white-stemmed Swiss chard

2½ tablespoons (57 g) kosher salt, divided

4 tablespoons (55 g) unsalted butter

¼ teaspoon freshly ground white pepper

stems ○ tiges

Colander ○ passoire

We only use kosher salt. The salt crystals stick to the food better, and it tastes better. If you are using a fine salt in any of these recipes, you'll need to cut the quantity by one-third. If you are in France, consider using Fleur de Sel, which is almost equivalent and not too expensive.

# BLETTES sautées

Nous adorons les blettes. Nous en faisons pousser dans le jardin et en mangeons tout l'été et jusqu'en automne. En France, la tige est souvent la seule partie qui est mangée, et aux Etats-Unis, plutôt les feuilles sont préférées. Nous aimons les deux, mais puisque la tige prend plus de temps à cuire, nous commençons avec cela.

PRÉPARATION:

Séparer les feuilles de la tige des blettes. Déchirer les feuilles en morceaux d'environ 3 pouces (7,5 cm) et bien les laver, jusqu'à ce que tout le sable et la terre soient enlevés.

Égoutter dans une passoire et mettre de côté.

Couper les tiges en morceaux d'environ 2 pouces et demi (5 x 1 cm). Bien laver.

Remplir une grande casserole (8 pintes [7,6 L]) aux ⅔ avec de l'eau froide et couvrir. Porter à ébullition. Ajouter 2 cuillères à soupe (38 g) de sel.

Mettre les tiges dans l'eau bouillante. Remuer et couvrir. L'eau devrait revenir à ébullition rapidement, en 1 minute. Retirer le couvercle et laisser cuire jusqu'à ce que les morceaux soient tendres.

Vider l'eau bouillante dans l'évier.

Ajouter les feuilles des blettes et couvrir. Faire cuire à feu moyen, en remuant de temps en temps, jusqu'à ce qu'elles ramollissent. Retirer le couvercle et poursuivre la cuisson jusqu'à ce que toute l'eau soit évaporée.

Ajouter le beurre, ½ cuillère à soupe (9,5 g) de sel, et le poivre. Mélanger jusqu'à ce que le beurre soit fondu.

## POUR 8 PERSONNES

INGRÉDIENTS:

2 bottes de blettes vertes à tiges blanches

2 cuillères à soupe et demie (57 g) de sel, à répartir

4 cuillères à soupe (55 g) de beurre doux

¼ de cuillère à café de poivre blanc fraîchement moulu

Nous utilisons uniquement du sel Kosher. Les cristaux de sel accrochent mieux à la nourriture, et il a un meilleur goût. Si vous utilisez du sel fin dans l'une ou l'autre de ces recettes, vous devrez diviser la quantité par 3. Si vous êtes en France, vous pouvez considérer utiliser de la Fleur de Sel, ce qui revient à peu près au même et elle n'est pas trop chère.

*leaves ∘ feuilles*

# French STRING BEANS

The current fashion is to serve string beans crunchy. We like our beans best when they are bright green but tender. When cooked, they should "squeak" in your mouth. If you are precooking the string beans, prepare a bowl with ice water. This will stop the cooking so the beans don't get mushy.

### SERVES 8

- - - - - - - -

INGREDIENTS:

2 pounds (910 g) haricot verts (thin, delicate string beans)

2½ tablespoons (57 g) kosher salt, divided

4 tablespoons (55 g) unsalted butter

½ teaspoon freshly ground white pepper

PREPARATION:

French beans are long, thin, and delicate. Trim the stem end from the beans. Leave the thin point on the other end attached; it represents freshness.

Fill a large (8-quart [7.6 L]) sauce pot with a lid ⅔ full with cold water. Bring to a boil. Add 2 tablespoons (39 g) of the salt.

Put the trimmed beans in the boiling water. The water should come back to a boil quickly—within 1 minute.

Cook until tender. You can check by taking one out. If when you fold it, it only bends, it's not ready; it should snap. It may take 6 to 8 minutes. (I know that doesn't make sense, but trust me)

Drain, return the beans to the pot, add the butter, ½ tablespoon (9.5 g) of salt, and the pepper. Toss until all the butter is melted and serve.

Or, remove the beans from the boiling water, shock in ice water, and drain. When you're ready, reheat in a sauté pan with 4 tablespoons (55 g) of butter, ½ tablespoon of salt, and ½ teaspoon of freshly ground white pepper.

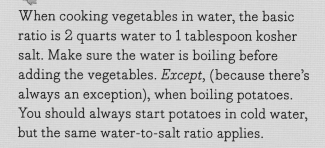

When cooking vegetables in water, the basic ratio is 2 quarts water to 1 tablespoon kosher salt. Make sure the water is boiling before adding the vegetables. *Except*, (because there's always an exception), when boiling potatoes. You should always start potatoes in cold water, but the same water-to-salt ratio applies.

Green ∘ vert       Trim ∘ Équeuter

# HARICOTS VERTS français

La mode actuelle est de servir les haricots verts croquants. Nous préférons les nôtres biens verts mais tendres. Une fois cuits, ils devraient "grincer" sous la dent. Si vous précuisez les haricots, préparez un saladier avec de l'eau glacée. Cela arrêtera la cuisson et évitera que les haricots soient ramollis.

PRÉPARATION:

Les haricots verts sont longs, minces et délicats. Équeuter les haricots du côté de la tige et laisser la pointe fine de l'autre extrémité intacte; elle représente la fraîcheur.

Remplir une grande casserole (8 pintes [7,6 L]) aux ⅔ avec de l'eau froide et couvrir. Porter à ébullition. Ajouter 2 cuillères à soupe (39 g) de sel.

Mettre les haricots dans l'eau bouillante. L'eau devrait revenir à ébullition rapidement, en 1 minute.

Faire cuire jusqu'à ce qu'ils soient tendres. Vous pouvez vérifier en en prenant un. Si, lorsque vous le pliez il se courbe seulement, il n'est pas prêt; il doit se casser en deux. Cela peut prendre 6 à 8 minutes. (Je sais que c'est étrange, mais faites-moi confiance)

Égoutter les haricots, les remettre dans la casserole, ajouter le beurre, ½ cuillère à soupe (9,5 g) de sel, et le poivre. Mélanger jusqu'à ce que le beurre soit fondu et servir.

Ou bien, retirer les haricots de l'eau bouillante, les plonger dans l'eau glacée, et les égoutter. Lorsque vous êtes prêt à manger, les faire réchauffer dans une poêle avec 4 cuillères à soupe (55 g) de beurre, ½ cuillère à soupe de sel et ½ cuillère à café de poivre blanc fraîchement moulu.

POUR 8 PERSONNES

- - - - - - - - - - - - - - - -

INGRÉDIENTS:

2 livres (910 g) de haricots verts (haricots verts fins et délicats)

2 cuillères à soupe ½ (57 g) de sel

4 cuillères à soupe (55 g) de beurre doux

½ cuillère à café de poivre blanc fraîchement moulu

Quand on cuit les légumes à l'eau, le ratio de base est de 2 litres d'eau pour 1 cuillère à soupe de sel kosher.

Assurez-vous que l'eau bout avant d'y plonger les légumes. *Sauf*, parce-qu'il y a toujours une exception, quand vous cuisez les pommes de terre. Vous devriez toujours commencer vos pommes de terre dans l'eau froide, avec le même ratio eau/sel.

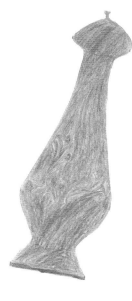

Add ○ Ajouter

# POTATO AND CHEESE GRATIN

This is truly one of my favorite dishes ever. With a roast or a green salad, it warms you from the inside out, and your family and friends will love it! You can make it ahead just to the point before putting it in the oven.

PREPARATION:

Preheat the oven to 375°F (190°C).

Coat a 9 x 13-inch (23 x 33 cm) glass dish with the butter.

Peel the potatoes and wash in cold water. Do not let the potatoes soak in the water; it will remove the starch needed to thicken the milk. Slice the potatoes ¼-inch (6 mm) thick into an 8-quart (7.6 L) saucepan.

Add the milk, cream, garlic, thyme, salt, and pepper and bring to a boil over medium heat. Stir often to prevent scorching.

Pour the potato and milk mixture into the buttered roasting dish. Sprinkle with the grated cheese.

Set on a cookie sheet and bake in the oven for approximately 1 hour or until the potatoes are fork tender.

Let stand for 15 minutes before serving.

### SERVES 8

- - - - - - - -

INGREDIENTS:

1 tablespoon (15 g) unsalted butter

2 pounds (910 g) potatoes (Yukon Gold are the best; be sure it is a boiling potato)

2 cups (475 ml) whole milk

1½ cups (355 ml) heavy cream

2 garlic cloves, smashed, peeled, and minced (about 1 tablespoon [10 g])

1 tablespoon (2.4 g) picked fresh thyme leaves (about 7 sprigs)

1 teaspoon kosher salt

½ teaspoon freshly ground black pepper

3 ounces (85 g) Gruyére or Swiss cheese, grated (about 1 cup)

Anything you cook in the oven should be on a sheet tray. This keeps your oven *a lot* cleaner.

Family ∘ famille

Friends ∘ amis

# GRATIN DAUPHINOIS

Ce plat est vraiment un de mes préférés depuis toujours. Avec une grillade ou une salade verte, cela vous réchauffe de l'intérieur, et votre famille et vos amis vont adorer! Vous pouvez le préparer à l'avance, le mettre de côté et le cuire au dernier moment dans le four.

PRÉPARATION:

Préchauffer le four à 375°F (190°C)

Beurrer un plat en verre de 9 par 13 pouces (23 x 33 cm)

Peler les pommes de terre et les laver à l'eau froide. Ne pas laisser tremper les pommes de terre dans l'eau; cela supprime l'amidon nécessaire pour épaissir le lait.

Couper les pommes de terre en morceaux de ¼ de pouce (6 mm) d'épaisseur dans une casserole d'environ 8 litres.

Ajouter le lait, la crème, l'ail, le thym, le sel et le poivre et porter à ébullition à feu moyen. Remuer souvent pour les empêcher de brûler.

Verser les pommes de terre et le mélange de lait dans le plat beurré. Saupoudrer de fromage râpé.

Déposer sur une plaque de cuisson et cuire au four environ 1 heure ou jusqu'à ce que les pommes de terre soient tendres.

Laisser reposer 15 minutes avant de servir.

## POUR 8 PERSONNES

INGRÉDIENTS:

1 cuillère à soupe (15 g) de beurre doux

2 livres (910 g) de pommes de terre à bouillir (Les Yukon Gold sont les meilleures)

2 tasses (475 ml) de lait entier

1 tasse et demie (355 ml) de crème épaisse

2 gousses d'ail, écrasées, pelées et hachées (environ 1 cuillère à soupe [10 g])

1 cuillère à soupe (2,4 g) de feuilles de thym frais (environ 7 brins)

1 cuillère à café de sel

½ cuillère à café de poivre noir fraîchement moulu

3 oz (85 g) de gruyère ou de fromage suisse, râpé (environ 1 tasse)

Tout ce que vous cuisez au four devrait être sur une plaque de cuisson. Cela laissera votre four beaucoup plus propre.

Fresh ∘ frais

# Parsnip-POTATO PURÉE

When boiling root vegetables, always start them in cold water. This will allow them to cook evenly and not be cooked on the outside and raw on the inside. It's important to cut the potatoes and parsnips about the same size so they all cook at the same time. We often add a couple of whole garlic cloves that will be mashed together with the potatoes and parsnips. This adds a subtle and wonderful garlic flavor.

PREPARATION:

Peel and wash the parsnips and the potatoes. Cut into 1½-inch (3.5 cm) chunks.

Fill a large (12-quart [11.3 L]) saucepot half full of cold water. Add the parsnips, potatoes, garlic, and 3 tablespoons (57 g) of the salt. Bring to a boil and stir well. Turn the heat down to a low simmer.

Cook the parsnips, potatoes, and garlic until fork tender, approximately 30 minutes.

Drain in a colander. Mash the vegetables with a hand masher or pass through a potato ricer or food mill.

Fold in the soft butter, 1 teaspoon of salt, and the pepper as needed. For an extra creamy and soft purée, add the cream.

## SERVES 8
- - - - - - - -

INGREDIENTS:

2 pounds (910 g) parsnips

½ pound (225 g) russet potatoes

2 cloves peeled, whole garlic

3 tablespoons plus 1 teaspoon (76 g) kosher salt

12 tablespoons (6 ounces [170 g]) room-temperature unsalted butter

½ teaspoon freshly ground white pepper

2 tablespoons (28 ml) heavy cream (optional but encouraged)

Cold ○ froide

Parsnip ○ panais

Set the table while you're cooking. Then, when the food is ready, the table will be, too!

# PURÉE DE POMME DE TERRE
## et panais

Quand vous faites cuire des légumes racines, il faut toujours commencer la cuisson dans l'eau froide. Cela les aidera à cuire de façon homogène, et ne pas être cuits à l'extérieur, et crus à l'intérieur. Il est important de couper les pommes de terre et les panais à peu près de la même taille pour qu'ils cuisent tous bien de façon homogène. Nous ajoutons souvent quelques gousses d'ail qui seront écrasées avec les pommes de terre et les panais. Cela ajoute une saveur d'ail subtile et merveilleuse.

PRÉPARATION:

Peler et laver les panais et les pommes de terre. Les couper en morceaux d'un pouce et demi (3,5 cm).

Remplir à moitié une grande casserole (contenance environ 11,3 L) d'eau froide. Ajouter les panais, les pommes de terre, l'ail et 3 cuillères à soupe (57 g) de sel. Porter à ébullition et bien remuer. Baisser à feu doux.

Faire cuire les panais, les pommes de terre et l'ail jusqu'à ce qu'ils soient tendres, environ 30 minutes.

Égoutter dans une passoire. Écraser les légumes avec un pilon à main ou les passer au presse-purée ou au moulin à légumes.

Incorporer le beurre mou, 1 cuillère à café de sel, et du poivre si nécessaire. Pour une purée onctueuse, ajouter la crème.

POUR 8 PERSONNES
- - - - - - - - - - - - - - -

INGRÉDIENTS:

2 livres (910 g) de panais

½ livre (225 g) de pommes de terre

2 gousses d'ail pelées

3 cuillères à soupe + 1 cuillère à café (76 g) de sel

12 cuillères à soupe (6 onces [170 g]) de beurre doux à température ambiante

½ cuillère à café de poivre blanc fraîchement moulu

2 cuillères à soupe (28 ml) (optionnel mais recommandé) de crème épaisse

Dressez la table pendant que vous cuisinez. Comme cela, quand la nourriture sera prête, la table le sera aussi!

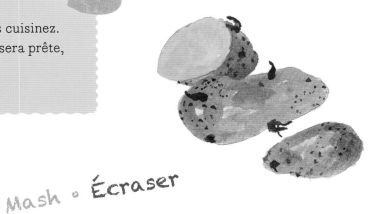

Mash ∘ Écraser

# RATATOUILLE

Ratatouille is a taste of summer and a perfect dish to freeze when you have more zucchini in your garden than you can ever possibly eat. Traditionally, it is made with peppers, but I don't like peppers, so I don't use them. Please feel free to add them if you are a fan. This lovely vegetable dish can be served hot or cold and is great for a summer party.

PREPARATION:

Cut the eggplant, onion, zucchini, and squash into approximately ¾-inch (2 cm) dice.

Heat the oil to medium high in a large sauté pan or 8-quart (7.6 L) sauce pot with a lid. Add the eggplant and cook for 5 minutes.

Add the onions, garlic, herbs of Provence, salt, and black pepper. Sauté until the onions are translucent. If the onions and garlic are browning, add a couple of table-spoons of water. By the time the water evaporates, the onions should be translucent.

Add the zucchini and yellow squash. Cover and turn the heat to medium low and allow to cook for 5 to 8 minutes.

Remove the lid, stir, and add the tomatoes. Continue to cook on low (with lid removed) for 15 to 20 minutes.

Add additional seasoning as necessary and stir in the basil chiffonade.

## SERVES 8

- - - - - - - -

INGREDIENTS:

2 small or Japanese eggplant
(1½ pounds [680 g])

1 medium yellow onion, diced
(about 1½ cups [240 g])

2 zucchini, diced (1¼ pounds
[570 g]) (about 3 cups)

2 yellow squash (1¼ pounds
[570 g]), diced (about 3 cups)

¼ cup (60 ml) canola oil

2 tablespoons (20 g) garlic
(3 to 4 cloves, peeled
and chopped fine)

1½ tablespoons herbs
of Provence

1½ tablespoons
(27 g) kosher salt

1 teaspoon freshly
ground black pepper

2 pints cherry tomatoes

¼ cup (10 g) chopped
(chiffonade) fresh basil

Eggplant ° aubergine

Zucchini ° courgettes

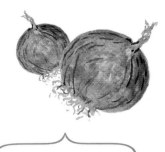

# RATATOUILLE

La ratatouille est un avant-goût de l'été et un plat idéal à congeler si vous avez plus de courgettes dans votre jardin que vous ne pouvez en manger. Traditionnellement, on utilise des poivrons, mais je n'aime pas les poivrons, donc je ne les utilise pas. N'hésitez pas à les ajouter si vous en êtes adeptes. Cet agréable plat de légumes peut être servi chaud ou froid et est idéal pour les fêtes estivales.

PRÉPARATION:

Couper les aubergines, oignons, courgettes et courges en dés d'environ ¾ pouce (2 cm).

Chauffer l'huile à feu moyen-élevé dans une grande sauteuse ou une casserole avec couvercle (environ 8 quart = 7,6 L). Ajouter les aubergines et faire cuire 5 minutes.

Ajouter les oignons, l'ail, les herbes de Provence, le sel et le poivre noir. Faire revenir jusqu'à ce que les oignons soient translucides. Si les oignons et l'ail se colorent, ajouter quelques cuillères à soupe d'eau. Quand l'eau a fini de s'évaporer, les oignons devraient être translucides.

Ajouter les courgettes et les courges jaunes. Couvrir et laisser cuire à feu moyen-doux 5 à 8 minutes.

Retirer le couvercle, mélanger et ajouter les tomates. Continuer à cuire à feu doux (à découvert) 15 à 20 minutes.

Assaisonner un peu plus si nécessaire et ajouter le haché de basilic.

## POUR 8 PERSONNES

INGRÉDIENTS:

2 petites aubergines ou aubergines japonaises (1 livre et demie [680 g])

1 oignon jaune moyen, coupé en dés (environ 1 tasse et demie [240 g])

2 courgettes, coupées en dés (1 livre ¼ [570 g]) (environ 3 tasses)

2 courges jaunes (1 livre ¼ [570 g]), coupées en dés (environ 3 tasses)

¼ de tasse (60 ml) d'huile de colza

2 cuillères à soupe (20 g) d'ail (3 à 4 gousses, pelées et hachées finement)

1 cuillère à soupe et demie d'herbes de Provence

1 cuillère à soupe (27 g) et demie de sel

1 cuillère à café de poivre noir fraîchement moulu

1 kilo de tomates cerises

¼ de tasse (10 g) de basilic frais haché (chiffonnade)

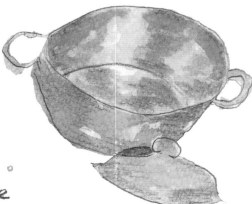

Yellow Squash °
courges jaune

# ROASTED CAULIFLOWER

Roasting vegetables concentrates flavor and is simple and delicious! Here is a simple side dish that can accompany chicken, fish, or anything else you might be making for dinner.

**SERVES 8**

- - - - - - - -

**INGREDIENTS:**

1 large head cauliflower

4 tablespoons
(60 ml) canola oil

1 tablespoon kosher salt

½ teaspoon freshly
ground white pepper

PREPARATION:

Preheat the oven to 425°F (220°C).

Remove the leaves and the stem from the cauliflower and cut it into 1½- to 2-inch (3.5 to 5 cm) florets with 2-inch (5 cm) stems. Large pieces may be cut in half the long way.

Toss the florets with the vegetable oil, 1 tablespoon (18 g) salt, and ½ teaspoon white pepper.

Arrange on a lightly oiled cookie sheet and roast in the oven until golden brown and the stems are knife tender, approximately 20 minutes.

Cut • couper

If you are having guests, try to do as much in advance as possible. Set the table, choose your plates for each course, and decide if the meal will be served family style or individual plates carried to the table for each course. Also, clean up as much as you can before your guests arrive. You'll be able to spend more time with your guests and less time later cleaning the kitchen.

# CHOU-FLEUR RÔTI

Faire rôtir les légumes concentre les saveurs et c'est simple et délicieux! Voici un accompagnement simple pour le poulet, poisson, ou tout autre plat que vous ferez pour le dîner.

PRÉPARATION:

Préchauffer le four à 425°F (220°C)

Retirer les feuilles et la tige du chou-fleur et le couper en fleurons de 1½ à 2 pouces (3,5 à 5 cm) avec des tiges de 2 pouces (5 cm). Les gros morceaux peuvent être coupés en deux sur la longueur.

Mélanger les fleurons avec l'huile végétale, 1 cuillère à soupe (18 g) de sel et ½ cuillère à café de poivre blanc.

Les disposer sur une plaque à cuisson légèrement huilée et faire cuire au four jusqu'à coloration dorée et jusqu'à ce que les tiges soient tendres (en piquant avec un couteau), environ 20 minutes.

POUR 8 PERSONNES

INGRÉDIENTS:

1 grosse tête de chou-fleur

4 cuillères à soupe (60 ml) d'huile de colza

1 cuillère à soupe de sel

½ cuillère à café de poivre blanc fraîchement moulu

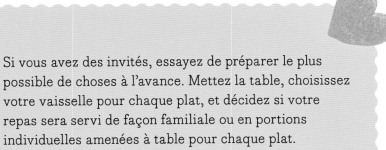

Si vous avez des invités, essayez de préparer le plus possible de choses à l'avance. Mettez la table, choisissez votre vaisselle pour chaque plat, et décidez si votre repas sera servi de façon familiale ou en portions individuelles amenées à table pour chaque plat. Nettoyez également le plus de choses possibles avant que vos invités n'arrivent. Vous pourrez ainsi passer plus de temps avec eux et moins à nettoyer la cuisine.

Pieces ∘ morceaux

Knife ∘ couteau

# Herb-Roasted POTATOES

- - - - - - - -

INGREDIENTS:

3 pounds (about 10)
Yukon Gold potatoes

6 tablespoons
(90 ml) canola oil

1½ tablespoons
(27 g) kosher salt

¼ teaspoon freshly
ground white pepper

1 tablespoon (2.4 g) picked
fresh thyme leaves

1 teaspoon minced fresh
rosemary leaves

Potatoes are easy, inexpensive, and, of course, delicious. This is an easy way to add more flavor and dress up your humble *pommes de terres*, and it is an excellent accompaniment to a roast of beef.

PREPARATION:

Preheat the oven to 400°F (200°C).

Wash the potatoes well. Cut into 1-inch (2.5 cm) chunks.

In a large bowl, toss the potato pieces with the canola oil, salt, white pepper, thyme leaves, and rosemary.

Arrange on a lightly oiled cookie sheet and roast in the oven until golden brown and knife tender, approximately 30 minutes.

Everything you cut, dice, slice, or chop is going to be eaten by someone, so take care and do it well.

Easy ○ faciles

Wash ○ laver

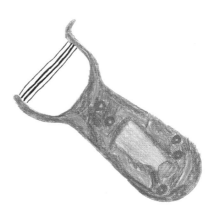

# POMMES-DE-TERRE
## Rôties aux herbes

Les pommes de terre sont faciles à préparer, peu coûteuses et bien sûr, délicieuses. Voici une façon aisée d'ajouter plus de saveurs et d'habiller vos modestes pommes de terre, et c'est un excellent accompagnement pour un rôti de bœuf.

**PRÉPARATION:**

Préchauffer le four à 400°F (200°C)

Bien laver les pommes de terre. Les couper en morceaux d'1 pouce (2,5 cm)

Dans un grand saladier, mélanger les pommes de terre découpées avec l'huile de colza, le sel, le poivre blanc, les feuilles de thym et de romarin.

Les disposer sur une plaque de cuisson légèrement huilée et faire cuire au four jusqu'à ce qu'elles soient dorées et tendres, environ 30 minutes.

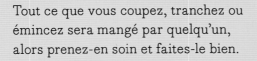

Tout ce que vous coupez, tranchez ou émincez sera mangé par quelqu'un, alors prenez-en soin et faites-le bien.

### POUR 8 PERSONNES

-----------------

#### INGRÉDIENTS:

1 kilo et demi (environ 10) de pommes de terre (Yukon Gold)

6 cuillères à soupe (90 ml) d'huile de colza

1 cuillère à soupe et demie (27 g) de sel

¼ de cuillère à café de poivre blanc fraîchement moulu

1 cuillère à soupe (2,4 g) de feuilles de thym frais

1 cuillère à café de brins hachés de romarin frais

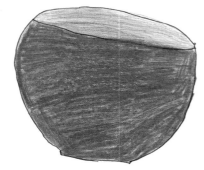

Bowl o saladier

# Spinach with BÉCHAMEL

This was my first recipe, and it was by accident. I was about 11 years old and doing a photo shoot for *House Beautiful* with my father, of course, and we were making this recipe. I put the raw spinach in the béchamel, which was *not* the way it is done, and it turned out great! Now, it *is* how it's done!

PREPARATION:

Pull any heavy stems from the spinach leaves and wash the leaves, if necessary.

In a medium (8-quart [7.6 L]) sauce pot with a lid, melt the butter on medium heat. Whisk in the flour and cook for 1 to 2 minutes. Whisk in the milk and bring to a boil, stirring constantly. Add the salt, pepper, and nutmeg.

Add the spinach into the béchamel and cover. Stir occasionally, turning the spinach over to coat the leaves. When all the spinach is wilted, remove the cover and cook for 3 to 5 minutes to reach a thick consistency that will hold its shape on the plate.

## SERVES 4

- - - - - - -

INGREDIENTS:

12 ounces (1 bag [340 g]) prewashed spinach (young is okay, but not baby spinach)

2 tablespoons (28 g) unsalted butter

3 tablespoons (24 g) all-purpose flour

10 ounces (285 ml) milk

1 teaspoon kosher salt

¼ teaspoon freshly ground white pepper

Pinch nutmeg

Always keep something clean close by to wipe your hands; we always have paper towels available.

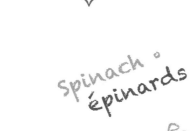

Spinach ∘ épinards

Recipe ∘ recette

# Épinards à la BÉCHAMEL

C'était ma première recette, faite par accident. J'avais environ 11 ans et je faisais une séance photo pour *House Beautiful* avec mon père bien sûr, et nous préparions cette recette. J'avais mis les épinards crus dans la béchamel, ce qui n'était pas la façon de faire, et c'était finalement très bon! Maintenant, c'est comme cela qu'on le fait!

PRÉPARATION:

Enlever les grosses tiges des feuilles d'épinards, et laver les feuilles si nécessaire.

Dans une casserole de taille moyenne (8 pintes de contenance [7,6 L]) faire fondre le beurre à feu moyen en couvrant. Incorporer la farine en fouettant et faire cuire 1 à 2 minutes.

Incorporer le lait en fouettant constamment et porter à ébullition.

Ajouter le sel, le poivre et la muscade.

Ajouter les épinards dans la sauce béchamel et couvrir. Remuer de temps en temps, en tournant les épinards pour les imprégner de sauce. Lorsque tous les épinards semblent cuits, retirer le couvercle et faire cuire 3 à 5 minutes pour avoir une consistance épaisse qui tiendra sur l'assiette.

POUR 4 PERSONNES

--------------------

INGRÉDIENTS:

12 onces (1 sac [340 g]) d'épinards prélavés (pas de jeunes pouces)

2 cuillères à soupe (28 g) de beurre doux

3 cuillères à soupe (24 g) de farine

10 onces (285 ml) de lait

1 cuillère à café de sel

¼ de cuillère à café de poivre blanc fraîchement moulu

1 pincée de noix de muscade râpée

Toujours garder quelque-chose de propre à proximité pour s'essuyer les mains; nous avons toujours de l'essuie-tout à disposition.

Father ○ père

On the Side * Pour l'accompagnement

65

# Vinaigrette FOR A WEEK

There are few things that I can guarantee, but chances are, if you open my refrigerator, you'll find a mason jar with shallot vinaigrette. It's a staple in our home, and we use it on string beans, cold chicken, and even on ratatouille. This salad dressing will keep for a week in your refrigerator.

Always dress a salad right before serving so it doesn't get wilted, or "cooked," by the vinaigrette. I don't like too much dressing on my salad, so I use about 2 to 3 teaspoons per 2 cups (110 g) lettuce and mix thoroughly.

PREPARATION:

Mince the shallots and place in a mason jar. Add the vinegar and let sit for 20 minutes to 1 hour.

Add the rest of the ingredients, seal tightly, shake vigorously, and serve.

Store in the refrigerator and take out 20 to 30 minutes before using.

INGREDIENTS:

1 to 2 shallots, minced
(about ¼ cup)

6 tablespoons (90 ml)
red wine vinegar

1 teaspoon kosher salt

½ teaspoon freshly
ground black pepper

2 tablespoons (30 g)
Dijon-style mustard

½ cup (120 ml) of your
favorite olive oil

Shallots ∘
échalotes

Cooking is not only about following a recipe, but about understanding *how* foods work together.

# Vinaigrette POUR LA SEMAINE

Il y a peu de choses que je peux garantir, mais il y a de fortes chances que vous trouviez un bocal de vinaigrette à l'échalote en ouvrant mon réfrigérateur. C'est un aliment de base à la maison, nous l'utilisons pour les haricots verts, le poulet froid, et même sur de la ratatouille. Cette vinaigrette se conserve une semaine au réfrigérateur.

Toujours assaisonner une salade juste avant de la servir pour ne pas qu'elle soit flétrie ou "cuite" par la vinaigrette. Je n'aime pas lorsqu'il y a trop de vinaigrette sur ma salade, j'utilise environ 2 à 3 cuillères à café pour 2 tasses (110 g) de salade et je mélange avec énergie.

PRÉPARATION:

Emincer les échalotes et les placer dans votre bocal à vinaigrette. Ajouter le vinaigre et laisser reposer de 20 minutes à 1 heure.

Ajouter le reste des ingrédients, fermer hermétiquement, secouer vigoureusement et servir.

Conserver au réfrigérateur et sortir 20 à 30 minutes avant de l'utiliser.

INGRÉDIENTS:

1 à 2 échalotes émincées (environ ¼ de tasse)

6 cuillères à soupe (90 ml) de vinaigre de vin rouge

1 cuillère à café de sel

½ cuillère à café de poivre noir fraîchement moulu

2 cuillères à soupe (30 g) de moutarde de Dijon

½ tasse (120 ml) de votre huile d'olive préférée

Cuisiner ce n'est pas seulement suivre une recette, c'est aussi comprendre comment les ingrédients se marient.

Shake ∘ secouer

Week ∘ semaine

Jacques 13

# To Finish

In our house, we don't usually have dessert. If it is just Shorey, Rollie, and me, we might have a piece of cheese and some bread to finish our meal or simply a piece of fruit or a yogurt. But when we have family or friends with us, or if we feel like having a special meal for just the three of us, dessert is a must! You might find it surprising that I did not include any chocolate desserts. Almost everyone already has a favorite chocolate dessert, so instead I thought it would be nice to introduce you to some desserts that you might not be familiar with, or know how to make.

# Pour finir

À la maison, nous ne prenons en général pas de dessert. Si nous sommes juste Shorey, Rollie et moi, nous pouvons avoir un morceau de fromage et un peu de pain pour finir notre repas, ou tout simplement un fruit ou un yaourt. Mais quand nous recevons de la famille ou des amis, ou que nous voulons avoir un repas spécial juste pour nous 3, alors le dessert est indispensable! Vous serez peut-être surpris de voir que je n'ai pas mis de dessert à base de chocolat. Presque tout le monde a un dessert préféré au chocolat, donc à la place, j'ai pensé que ce serait sympa de vous présenter quelques desserts qui vous sont peu familiers ou que vous ne savez pas forcément faire.

# Almond CAKE

Almond cake is great for a special breakfast, a midafternoon treat, and a lovely and light dessert.

In our recipe, we use whole raw almonds instead of almond paste or flour, and the top is covered with sliced almonds, which makes it crunchy and gives it an elegant appearance. We serve it with fresh whipped cream, but you can serve it plain, with vanilla yogurt, or with ice cream.

## SERVES 6 TO 8

- - - - - - - - - - - -

### INGREDIENTS:

½ cup (73 g) raw almonds

½ cup (100 g) sugar

½ cup (63 g) all-purpose flour

½ teaspoon baking powder

2 large eggs

¼ cup (60 ml) whole milk

½ teaspoon vanilla extract

6 tablespoons (85 g) unsalted butter, melted, plus more to butter the loaf pan

¼ cup (28 g) sliced almonds

PREPARATION:

Preheat the oven to 375°F (190°C).

Butter a 9 x 5-inch (23 x 13 cm) loaf pan, about 3-inches (7.5 cm) deep.

Place the almonds, sugar, flour, and baking powder in a small food processor and process until smooth. You will need a small to medium food processor, since if the processor is too big, it will not be able to produce a smooth texture.

In a medium to large mixing bowl, thoroughly whisk together the eggs, milk, vanilla, and melted butter. You may see little lumps, as the butter will be cooled by the eggs and milk—that's fine.

Add the processed almond and flour mixture to the bowl and whisk just enough to combine them and make them smooth.

Using a rubber spatula, pour and scrape the batter into the loaf pan, evenly coat the top with the sliced almonds, place the loaf pan on an ovenproof tray, and bake for 30 minutes.

Remove from the oven, allow to cool for 5 minutes, and then remove the cake from the loaf pan. If the cake sticks, run a small paring knife around the outside of the cake.

Allow to cool for an additional 15 minutes and enjoy.

sugar ○ sucre

# GÂTEAU aux Amandes

Le gâteau aux amandes est idéal pour un petit-déjeuner spécial, un goûter ou un dessert léger et agréable.

Pour notre recette, nous utilisons des amandes entières natures à la place de pâte ou de farine d'amande, et le dessus du gâteau est couvert d'amandes émincées, ce qui le rend croustillant et lui donne une apparence élégante.

Nous le servons avec de la crème fraiche fouettée, mais vous pouvez le servir nature, avec un yaourt à la vanille ou avec de la glace.

## PRÉPARATION:

Préchauffer le four à 375°F (190°C)

Beurrer un moule à pain de 9 par 5 pouces de diamètre (23 x 13 cm), et d'environ 3 pouces (7,5 cm) de profondeur.

Placer les amandes, le sucre, la farine et la levure chimique dans un petit robot et mixer jusqu'à ce que la consistance soit lisse. Vous aurez besoin d'un robot culinaire de petite taille, car si le mixeur est trop grand, il ne sera pas en mesure de faire une texture lisse.

Dans un saladier de taille moyenne à grande, fouetter ensemble les œufs, le lait, la vanille et le beurre fondu. Vous obtiendrez peut-être des petits grumeaux, car le beurre sera refroidi par les œufs et le lait. Ce n'est pas un problème.

Ajouter le mélange d'amandes et de farine dans le saladier et fouetter juste assez pour les lier et les rendre lisse.

À l'aide d'une spatule en caoutchouc, verser la pâte dans le moule à pain, recouvrir le dessus avec les amandes effilées, placer le moule à pain sur une plaque à four et cuire 30 minutes.

Sortir du four, laisser refroidir 5 minutes, puis démouler le gâteau. Si le gâteau accroche, passer un petit couteau pointu entre le gâteau et le moule.

Laisser refroidir 15 minutes de plus et régalez-vous!

almond ○ amandes

cake ○ gâteau

## POUR 6 À 8 PERSONNES

--------

### INGRÉDIENTS:

½ tasse (73 g) d'amandes natures

½ tasse (100 g) de sucre

½ tasse (63 g) de farine

½ cuillère à café de levure chimique

2 gros œufs

¼ de tasse (60 ml) de lait entier

½ cuillère à café d'extrait de vanille

6 cuillères à soupe (85 g) de beurre doux, fondu, et un peu plus encore pour beurrer le moule.

¼ de tasse (28 g) d'amandes effilées

# CLAFOUTIS

This is a super-easy little dessert. We've used frozen cherries, making it possible to prepare this any time of year. You can, of course, use fresh cherries; just be sure to pit them first.

1 tablespoon (15 g) unsalted butter

2 eggs

2 egg yolks

½ cup (63 g) all-purpose flour

4 tablespoons (52 g) sugar

⅛ teaspoon kosher salt

1½ cups (355 ml) heavy cream, divided

1 teaspoon vanilla extract

8 ounces (225 g) cherries, pitted (frozen)

PREPARATION:

Preheat the oven to 375°F (190°C). Coat a 9-inch (23 cm) glass pie pan with the butter.

Beat together the 2 eggs and 2 egg yolks as you would for an omelet.

Combine the flour, sugar, and salt in a medium mixing bowl.

Add ¾ cup (175 ml) of the cream to the dry mixture and whisk until smooth. Add the remaining cream and mix.

Stir in the eggs, egg yolks, and vanilla. Whisk until smooth.

Pour the batter into the buttered pie dish and arrange the cherries evenly in the batter. Place the pie dish on an ovenproof tray and bake for approximately 40 minutes until puffy and golden brown on the edges.

Crack your eggs on a flat surface to prevent bacteria from the shell entering into the egg or breaking the yolk. Even better, put a paper towel on a flat surface, then crack your eggs so you don't get anything on the counter!

Vanilla ° vanille

Cherries ° cerises

# CLAFOUTIS

Voici un petit dessert ultra facile. Nous avons utilisé des cerises congelées, ce qui permet de le faire à n'importe quel moment de l'année. Vous pouvez bien entendu utiliser des cerises fraîches; assurez-vous de bien les dénoyauter d'abord.

PRÉPARATION:

Préchauffer le four à 375°F (190°C). Beurrer un moule à tarte en verre de 9 pouces (23 cm) de diamètre.

Battre ensemble les 2 œufs et les 2 jaunes d'œufs comme vous le feriez pour une omelette.

Mélanger la farine, le sucre et le sel dans un saladier moyen.

Ajouter ¾ de tasse (175 ml) de crème au mélange sec et fouetter jusqu'à ce que la consistance soit lisse. Ajouter le reste de la crème et mélanger.

Incorporez les œufs, les jaunes d'œufs et la vanille. Fouetter jusqu'à ce que la consistance soit lisse.

Verser la pâte dans le moule à tarte beurré et déposer les cerises uniformément dans la pâte. Placer le plat à tarte sur une plaque de cuisson et faire cuire au four environ 40 minutes jusqu'à ce que le clafoutis soit gonflé et doré sur les bords.

POUR 8 PERSONNES
- - - - - - - - - - - - - - -

INGRÉDIENTS:

1 cuillère à soupe
(15 g) de beurre doux

2 œufs

2 jaunes d'œufs

½ tasse (63 g) de farine

4 cuillères à soupe
(52 g) de sucre

⅛ de cuillère à café de sel

1 tasse et demie
(355 ml) de crème épaisse

1 cuillère à café
d'extrait de vanille

8 onces (225 g) de
cerises dénoyautées

Cassez vos œufs sur une surface plane pour éviter que les bactéries des coquilles n'entrent dans les œufs ou que les jaunes ne se cassent. Encore mieux, posez une serviette en papier sur votre surface plane, puis cassez vos œufs, de cette façon, vous ne salirez pas votre plan de travail!

oven • four

To Finish * Pour finir

73

# CRÈME BRÛLÉE

Crème brûlée is a classic dessert. In ours, we flavor it with verbena, a beautiful and delicate leafy plant used most often to make tea. Not often used in the United States, it happens to be one of my favorite herbs, and we plant it every year in our garden. If you can't find verbena, vanilla is terrific as well.

PREPARATION:

Preheat the oven to 300°F (150°C).

In a 2-quart (2 L) saucepan with a lid, bring to boil the milk, cream, and verbena or vanilla. Simmer gently for 2 to 3 minutes. Cover and let stand for 15 to 20 minutes.

Beat together the egg yolks, whole egg, and white sugar. Slowly whisk in the infused cream and milk, about ¼ cup (60 ml) at a time.

Strain the mixture through a fine sieve or *chinois*.

Set 4 (6-ounce [170 g]) ramekins into a roasting pan. Divide the custard mixture evenly among the ramekins.

Fill the roasting pan with warm water until the ramekins are two-thirds submerged.

Cook in the water bath for approximately 30 minutes. The custard should still be a little jiggly but not liquidy.

Remove from the oven and cool. Chill for at least 1 hour.

Sprinkle the custards with the brown sugar, making an even layer.

Brown the sugar in a toaster oven, broiler, or with a torch.

MAKES FOUR
5-OUNCE (140 G)
INDIVIDUAL CUSTARDS

------------------

INGREDIENTS:

1 cup (235 ml) milk

1 cup (235 ml) heavy cream

½ cup loose verbena leaves or
2 tea bags or 1 vanilla bean,
split lengthwise, or
1 teaspoon vanilla extract

4 eggs yolks

1 egg

3 tablespoons
(39 g) white sugar

4 tablespoons
(38 g) coarse brown sugar

Garden ○ jardin

# CRÈME BRÛLÉE

La crème brûlée est un dessert classique. Nous parfumons la nôtre à la verveine, une plante délicate et magnifique utilisée la plupart du temps pour fabriquer du thé. Peu utilisée aux Etats-Unis, elle s'avère être mon herbe préférée, et nous la plantons chaque année dans notre jardin. Si vous ne pouvez pas trouver de verveine, la vanille est géniale aussi.

PRÉPARATION:

Préchauffer le four à 300°F (150°C)

Dans une casserole avec couvercle, (2 pintes de contenance [2 L]) porter le lait à ébullition, la crème et la verveine (ou la vanille). Laisser mijoter doucement 2 à 3 minutes. Couvrir et laisser reposer 15 à 20 minutes.

Battre ensemble les jaunes d'œufs, l'œuf entier et le sucre blanc. Y incorporer la crème et le lait infusé (environ ¼ de tasse (60 ml) à la fois), en fouettant lentement.

Filtrer le mélange avec un tamis fin ou un chinois.

Placer 4 ramequins (de 6 onces [170 g]) dans un plat à rôtisserie. Répartir le mélange de façon égale entre les ramequins.

Remplir le plat à rôtir avec de l'eau tiède jusqu'à ce que les ramequins soient immergés aux deux tiers.

Cuire au bain-marie 30 minutes environ. La crème doit être encore un peu gélatineuse, mais pas liquide.

Retirer du four et laisser refroidir. Mettre au réfrigérateur 1 heure au minimum.

Saupoudrer les crèmes avec le sucre roux en une couche uniforme.

Caraméliser le sucre au grill, au rôtisseur ou au petit chalumeau de cuisine.

POUR QUATRE
RAMEQUINS
INDIVIDUELS DE
5 ONCES (140 G)

- - - - - - - - - - - - -

INGRÉDIENTS:

1 tasse (235 ml) de lait

1 tasse (235 ml) de
crème épaisse

½ tasse de feuilles de verveine
en vrac ou 2 sachets de thé
ou 1 gousse de vanille fendue
sur la longueur, ou 1 cuillère
à café d'extrait de vanille

4 jaunes d'œufs

1 œuf entier

3 cuillères à soupe
(39 g) de sucre blanc

4 cuillères à soupe (38 g)
de cassonade en poudre

Sprinkle ∘ Saupoudrer

Heavy ∘ épaisse

# CRÊPES

When I was little, my father traveled a great deal, teaching cooking classes across the country. When he was home, he'd often make crêpes for us as a late breakfast. Now we make them for Shorey, and when we visit my parents, Shorey's grandfather makes them for all of us. I hope these become part of your family.

**SERVES 4 TO 6
(ABOUT 12 CREPES)**

- - - - - - - - - - - - - - -

INGREDIENTS:

2 large eggs

¾ cup (94 g) all-purpose flour

1 teaspoon sugar

¾ cup (175 ml) milk, divided

2 tablespoons (28 g) melted unsalted butter, plus a bit more as needed to cook

**Fillings:** We use diced fresh fruit, Nutella, apricot jam, or whipped cream cheese. Use whatever you enjoy.

PREPARATION:

Mix the eggs, flour, sugar, and only ¼ cup (60 ml) of the milk thoroughly with a whisk until smooth. This will make a thick batter and will prevent lumps. Add the remaining milk and melted butter and whisk again.

Heat an 8 to 10-inch (20 to 25 cm) nonstick skillet over medium-high heat, add ¼ to ½ teaspoon of butter, and when it is melted and hot, add ¼ cup of batter to one side of the skillet. Very quickly tilt the pan in a circular manner to ensure the batter covers the bottom of the pan in one thin layer.

Cook for about 1 minute on the first side, then flip the crêpe using a fork or spatula and cook for about 30 more seconds.

Place the cooked crêpe on a plate and repeat until all the batter is used and you have a stack of crêpes. You may want to keep them in a low oven so they stay warm.

Spread 2 teaspoons or so of your favorite filling and fold or roll the crêpe and enjoy.

Breakfast ∘ *petit-déjeuner*

Home ∘ *maison*

If you can't wash cooking utensils now, at least soak them!

# CRÊPES

Quand j'étais petite, mon père voyageait beaucoup, donnant des cours de cuisine à tous les coins du pays. Quand il était à la maison, il nous faisait souvent des crêpes pour un petit-déjeuner tardif. Maintenant nous les faisons pour Shorey, et quand nous rendons visite à mes parents, le grand-père de Shorey en fait pour nous tous. J'espère qu'elles feront bientôt partie de votre famille.

PRÉPARATION:

Bien mélanger les œufs, la farine, le sucre, et seulement ¼ de tasse (60 ml) du lait avec un fouet jusqu'à ce que la consistance soit homogène. Cela donnera une pâte épaisse et évitera les grumeaux. Ajouter le reste du lait et le beurre fondu et fouetter à nouveau.

Faire chauffer une poêle antiadhésive de 8 à 10 pouces de diamètre (20 à 25 cm) à feu moyen-vif, ajouter entre ¼ et ½ cuillère à café de beurre , et quand il est fondu et chaud, ajouter ¼ de tasse de pâte sur un côté de la poêle. Basculer très rapidement la poêle de façon circulaire pour être certain que la pâte recouvre toute la poêle d'une couche fine.

Faire cuire environ 1 minute d'un côté, puis retourner la crêpe à l'aide d'une fourchette ou d'une spatule et faire cuire environ 30 secondes de plus.

Poser la crêpe cuite sur une assiette, répéter jusqu'à avoir fini la pâte, et vous obtenez une pile de crêpes. Vous pouvez les conserver au four afin qu'elles restent chaudes.

Étaler 2 cuillères à café ou plus de votre garniture préférée puis plier ou rouler la crêpe. Bon appétit!

## POUR 4 À 6 PERSONNES (ENVIRON 12 CRÊPES)

INGRÉDIENTS:

2 gros œufs

¾ de tasse (94 g) de farine

1 cuillère à café de sucre

¾ de tasse (175 ml) de lait, à répartir

2 cuillères à soupe (28 g) de beurre doux fondu, et plus si nécessaire

**Garniture:** Nous utilisons des fruits frais découpés, du Nutella, de la confiture d'abricot, ou du fromage à la crème fouettée. Utilisez ce que vous aimez.

Si vous ne pouvez pas laver les ustensiles en suivant, faites-les au moins tremper!

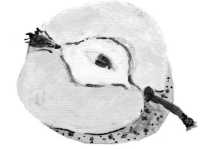

Cooked ∘ cuite

# Apple Tarts with
# ALMOND FRANGIPANE

**SERVES 8**

- - - - - - - -

INGREDIENTS:

⅓ cup (68 g) almond paste

8 tablespoons (104 g) granulated sugar, divided

8 tablespoons (112 g) unsalted butter, room temperature, divided

1 egg plus 1 egg yolk

½ teaspoon almond or vanilla extract

2 tablespoons (16 g) all-purpose flour

4 (6-inch [15 cm]) circles puff pastry

5 or 6 large, firm cooking apples such as Braeburn or Granny Smith

1 tablespoon (15 ml) heavy cream

Everyone should make a tart. Better yet, make it with friends! This one is quite simple, since you buy the puff pastry; I recommend Pepperidge Farm puff pastry sheets. You can find them in the freezer section.

PREPARATION:

Preheat the oven to 400°F (200°C).

In an electric mixer with a paddle attachment or with an electric hand mixer, beat the almond paste with 3 tablespoons (39 g) of the sugar until combined.

Add 4 tablespoons (56 g) of the butter and mix well.

Add 1 egg, then the almond extract. Sprinkle in the flour, mix again, and set aside.

Cut out four 6-inch (15 cm) circles of puff pastry.

Trace a 5-inch-diameter (13 cm) circle inside each tart, cutting slightly into the pastry but not all the way through. Prick the interior of the circle with a fork to prevent it from rising.

Divide the almond paste mixture evenly among the 4 tarts and spread on the inner 5-inch (13 cm) circles.

Peel and core the apples. Slice the apples into thin circles, preferably with a mandoline, and arrange them overlapping all but ½ inch (1 cm) on the frangipane. (Each tart should get at least 1 whole apple.)

Melt the remaining 4 tablespoons (56 g) of butter. Brush the apples with melted butter and generously sprinkle with the remaining sugar.

Whisk together the egg yolk and the cream. Brush the outside rim of the tart with the mixture.

Bake at 400°F (200°C) for 20 minutes, then reduce the temperature to 325°F (170°C) for 20 to 25 more minutes or until the tarts are golden brown and the puff pastry is cooked all the way through.

Cut the tarts into 6 pie wedges each and serve 3 per person.

SERVING SUGGESTION: Serve with crème fraîche, vanilla yogurt, or ice cream.

Apple ○ pommes

Peel ○ Peler

# Tarte aux pommes avec
# SA FRANGIPANE AUX AMANDES

Tout le monde devrait pouvoir faire une tarte. Encore mieux, faites-en avec vos amis! Celle-là est assez simple à faire, puisque vous achetez la pâte feuilletée toute prête; je recommande les pâtes feuilletées Pepperidge Farm. Vous pouvez les trouver au rayon surgelé.

**PRÉPARATION:**

Préchauffer le four à 400°F (200°C)

Dans un mixeur électrique avec une spatule ou avec un batteur à main électrique, battre la pâte d'amande avec 3 cuillères à soupe (39 g) de sucre jusqu'à obtenir un mélange.

Ajouter 4 cuillères à soupe (56 g) de beurre et bien mélanger.

Ajouter 1 œuf, puis l'extrait d'amande. Incorporer la farine en pluie, mélanger à nouveau, et mettre de côté.

Découper 4 cercles de pâte feuilletée en 6 pouces (15 cm) de diamètre.

Tracer un cercle de 5 pouces (13 cm) à l'intérieur de chaque tarte, en coupant légèrement dans la pâte mais sans transpercer. Piquer l'intérieur du cercle avec une fourchette pour empêcher la pâte de gonfler.

Répartir le mélange de pâte d'amande uniformément entre les quatre tartes et l'étaler jusqu'au bord de 13 cm.

Peler et évider les pommes. Les découper en fines lamelles, de préférence avec une mandoline, et les déposer en les faisant se chevaucher sur la frangipane, jusqu'à 1 cm du bord. (Chaque tarte doit avoir au moins une pomme entière.)

Faire fondre les 4 cuillères à soupe (56 g) de beurre restant. Badigeonner les pommes avec le beurre fondu et saupoudrer généreusement avec le reste du sucre.

Fouetter le jaune d'œuf et la crème. Badigeonner le pourtour de la tarte avec le mélange.

Cuire au four à 400°F (200°C) 20 minutes, puis réduire la température à 325°F (170°C) 20 à 25 minutes de plus ou jusqu'à ce que les tartelettes soient dorés que la pâte feuilletée soit cuite entièrement.

Couper les tartes en 6 parts et en servir 3 par personne.

**SUGGESTION:** Servir avec de la crème fraîche, du yaourt à la vanille ou de la crème glacée.

## POUR 8 PERSONNES

- - - - - - - - - - - - - - - -

INGRÉDIENTS:

⅓ de tasse (68 g) de pâte d'amande

8 cuillères à soupe (104 g) de sucre semoule, à répartir

8 cuillères à soupe (112 g) de beurre doux, ramolli à température ambiante, à répartir

1 œuf + 1 jaune d'œuf

½ cuillère à café d'extrait d'amande ou de vanille

2 cuillères à soupe (16 g) de farine

4 cercles de pâte feuilletée (6 pouces [15 cm])

5 ou 6 grandes pommes à cuire (telles que Braeburn ou Granny Smith)

1 cuillère à soupe (15 ml) de crème épaisse

Mix well • bien mélanger

# Sablés

These little cookies are a French version of a sugar cookie and are simple and delicious. They are perfect for everyone to decorate and can be topped with your favorite jam or even dipped in dark chocolate. Our daughter loves them as a surprise in her lunchbox.

**MAKES 24 ROUND COOKIES, 2 X ¼ INCHES (5 CM X 6 MM)**

- - - - - - - - - - - - - - - - - -

INGREDIENTS:

1 cup (125 g) all-purpose flour

⅛ teaspoon kosher salt

5 tablespoons (65 g) sugar

6 tablespoons (85 g) unsalted butter, softened but not melted, plus more if not using a nonstick cookie sheet

2 egg yolks

PREPARATION:

Preheat the oven to 325°F (170°C).

Combine the flour, salt, and sugar in a medium mixing bowl.

Add the softened butter and rub it into the flour mixture with your hands.

Stir in the egg yolks.

Knead the dough until blended completely.

Roll the dough into a 2-inch (5 cm) log. Cut into ¼-inch (6 mm) slices.

Arrange on a cookie a nonstick or buttered sheet and bake 10 to 12 minutes, until lightly browned on the bottom.

Little ○ petite

Perfect ○ parfait

If you can put a few things away that you're finished with, it will save you lots of time later.

# Sablés

Ces petits gâteaux sont une version française des petits gâteaux au sucre, ils sont simples et délicieux. Ils sont parfaits car tout le monde peut les décorer et ils peuvent être nappés de votre confiture préférée ou même trempés dans du chocolat noir. Notre fille les adore comme petites surprises dans sa boite à repas.

PRÉPARATION:

Préchauffer le four à 325°F (170°C)

Mélanger la farine, le sel, et le sucre dans un saladier de taille moyenne.

Ajouter le beurre ramolli et l'incorporez dans le mélange de farine à la main.

Incorporer les jaunes d'œufs.

Travailler la pâte jusqu'à ce qu'elle soit uniforme.

Rouler la pâte en une bûche de 2 pouces (5 cm) de diamètre. Découper en tranches de ¼ de pouce (6 mm) d'épaisseur.

Placer les cercles de pâte sur une plaque à biscuits beurrée ou du papier sulfurisé et enfourner 10 à 12 minutes, jusqu'à ce qu'ils soient dorés sur le dessous.

RECETTE POUR 24 BISCUITS RONDS, 2 X ¼ PO (5 CM X 6 MM)

- - - - - - - - - - - - - - - -

INGRÉDIENTS:

1 tasse (125 g) de farine

⅛ de cuillère à café de sel

5 cuillères à soupe (65 g) de sucre

6 cuillères à soupe (85 g) de beurre doux, ramolli mais pas fondu, et plus encore si vous n'utilisez pas de papier sulfurisé

2 jaunes d'œufs

Si vous pouvez ranger quelques ustensiles avec lesquels vous avez fini, cela vous fera gagner beaucoup de temps.

Hand ○ main

# American Blueberry PIE

When I spent summers in France, I ate cherry tarts, not blueberry pies. When my grandmother comes to visit, though, she loves eating pie, particularly if ice cream is involved! Rollie first made this pie for me before we were married. It's now my favorite. Use a clear glass pie dish so you can see when the bottom is cooked.

PREPARATION:

Preheat the oven to 350°F (180°C).

Mix together the flour, salt, and 2 teaspoons sugar in a medium mixing bowl.

Lightly soften the butter for 10 seconds in the microwave. Rub the butter and shortening into the flour mixture until coarse, pea-size granules are formed.

Mix in half the water and incorporate by hand. Continue adding water a table-spoon (15 ml) at a time until the dough just comes together and pulls away from the sides. Knead the dough gently for a minute or so. You should still see patches of yellow butter in the dough. Set aside for 20 minutes.

Spread the blueberries on a cookie sheet and sort for underripe, wilted, or old berries. Remove any stems. Place the berries in a medium mixing bowl. Add the ½ cup (100 g) sugar and brown sugar. Crush the berries lightly by hand to release some of the juices. Add the vanilla extract and lemon juice. Mix.

Flour a clean surface and roll out half the dough to ¼-inch (6 mm) thick. Lay into a glass pie plate, relaxing the dough to cover the bottom and the sides.

Stir the cornstarch into the berries and fill the pie.

Roll out the remaining dough to ¼-inch (6 mm) thick. Cut into strips with a ravioli cutter or a knife. Lay a short strip of dough at one edge of the pan. Place a second strip at a right angle. Working from the corner you create, lay successive strips of dough, alternating directions. Peel back every other crossing strip as you lay new strips to create a woven look. Handle the dough gently so as not to break it.

Place the pie on a sheet tray and into the preheated oven. Bake for 30 minutes.

After 30 minutes, remove the pie and paint it lightly with corn syrup or egg wash.

Adjust the oven temperature to 300°F (150°C). Return the pie to the oven for ad-dition 20 to 30 minutes or until the crust on the bottom is golden brown.

SERVING SUGGESTION: Serve with vanilla ice cream, Greek yogurt, or crème fraîche.

### SERVES 8
--------

INGREDIENTS:

2½ cups (12 ounces [340 g]) all-purpose flour

½ teaspoon kosher salt

2 teaspoons sugar

6 tablespoons (3 ounces [85 g]) unsalted butter

6 tablespoons (3 ounces [85 g]) vegetable shortening

¼ to ½ cup (60 to 120 ml) ice water

3 pints blueberries

½ cup (100 g) sugar

½ cup (75 g) unpacked brown sugar

1 tablespoon (15 ml) vanilla extract

2 teaspoons lemon juice

1½ tablespoons (12 g) cornstarch

**Wash:** 2 tablespoons (44 g) corn syrup (or 1 lightly beaten egg)

Knead ○
Pétrir

Blueberries ○ myrtilles

# TARTE AMÉRICAINE aux myrtilles

Quand je passais mes étés en France, je mangeais des tartes aux cerises et non pas des tartes aux myrtilles. Cependant, quand ma grand-mère vient nous voir elle adore manger des tartes, surtout si on y ajoute de la glace! Rollie m'a d'abord fait cette tarte avant que nous soyons mariés. Et c'est maintenant ma préférée. Utilisez un plat à tarte en verre pour vérifier si le dessous est cuit.

PRÉPARATION:

Préchauffer le four à 350°F (175°C)

Mélanger la farine, le sel et 2 cuillères à café de sucre dans un saladier de taille moyenne.

Ramollir légèrement le beurre 10 secondes au micro-onde. Malaxer le beurre et la graisse végétale dans le mélange de farine jusqu'à ce que cela forme de petites boules de la taille de petits pois. Incorporer la moitié de l'eau et mélanger à la main.

Continuer à ajouter l'eau une cuillère à soupe à la fois jusqu'à ce que la pâte se forme et se détache des côtés du saladier. Pétrir la pâte doucement pendant une minute ou deux. Vous devriez toujours voir des morceaux jaunes de beurre dans la pâte. Laisser reposer 20 minutes.

Étaler les myrtilles sur une plaque à biscuits et trier pour enlever celles qui ne sont pas encore mûres, les flétries et les vieilles. Retirer la moindre tige. Mettre les fruits dans un saladier. Ajouter la demi-tasse (100 g) de sucre et de sucre roux. Écraser les baies légèrement à la main pour libérer une partie du jus. Ajouter la vanille et le jus de citron et mélanger.

Saupoudrer de la farine sur une surface propre et étaler la moitié de la pâte à un demi cm (¼ de pouce) d'épaisseur. Poser la pâte dans un plat à tarte en verre et l'étendre jusqu'à recouvrir le fond et les côtés.

Mélanger la fécule de maïs avec les fruits et remplir la tarte.

Étaler la pâte restante à 6 mm (¼ inch) d'épaisseur. Couper des bandes avec un coupe-raviolis ou un couteau. Disposer une courte bande de pâte sur un bord de la tarte. Placer une deuxième bande à angle droit. En partant toujours de ce croisement, étaler des bandes de pâte en alternant la direction. Juxtaposer les bandes pour obtenir un effet tissé. Manipuler la pâte délicatement pour ne pas la casser.

Placer la tourte sur une plaque à cuisson et dans le four chaud. Cuire 30 minutes.

Après 30 minutes, retirer la tarte et passer une couche légère de sirop de maïs ou d'œuf battu au pinceau.

Régler la température du four à 300°F (150°C). Remettre la tarte au four 20 à 30 minutes de plus ou jusqu'à ce que la croûte de dessous soit dorée.

SUGGESTION: servir avec de la glace à la vanille, du yaourt grec, ou de la crème fraîche.

## POUR 8 PERSONNES

### INGRÉDIENTS:

2 tasses et demie (340 g) de farine

½ cuillères à café de sel

2 cuillères à café de sucre

6 cuillères à soupe (85 g) de beurre doux

6 cuillères à soupe (85 g) de graisse végétale

¼ à ½ tasse (60 à 120 ml) d'eau glacée

7 tasses (3 pintes) de myrtilles

½ tasse de sucre

½ tasse de sucre roux

1 cuillère à soupe d'extrait de vanille

2 cuillères à café de jus de citron

1 cuillère à soupe et demie de fécule de maïs

2 cuillères à soupe de sirop de maïs (ou 1 œuf légèrement battu)

Ice cream ○
glace

# Menus

When choosing a menu, think about dishes and courses that will work together and taste good together, as well as what's in season. Also think about how much food you are making. I find that most people will make way too much food for the number of guests at the table. If you are making a soup, you don't need to serve a lot of it as a first course, since there are more courses to follow.

You might also think about what is easy to make ahead so that you will have more time with your family and friends at the table.

# Menus

Quand vous choisissez votre menu, pensez aux plats qui iront ensemble et qui auront bon goût ensemble, ainsi qu'à ce qui est de saison. Pensez aussi à la quantité que vous allez préparer. Je trouve que la plupart des gens font beaucoup trop à manger pour le nombre d'invités à table. Si vous faites une soupe, vous n'êtes pas obligés de trop servir si c'est une entrée puisqu'il y a d'autres plats qui vont suivre.

Pensez aussi à ce qui est facile à faire à l'avance pour pouvoir passer plus de temps à table avec votre famille et vos amis.

## WINTER:

Cauliflower Soufflé

Lamb Chops with Lemon Zest
    and Herbs of Provence

Potato and Cheese Gratin

Green Salad with Vinaigrette
    for a Week

*Crème Brûlée*

## SUMMER:

*Vichyssoise*

*Salade Niçoise*

*Clafoutis*

## SPRING:

Eggs Jeannette with a Salad

Chicken Breast with
    Garlic and Parsley

Sautéed Swiss Chard

Parsnip-Potato Purée

Almond Cake

## FALL:

*Gougères*

Chicken with Cream Sauce

French String Beans

Crêpes

## HIVER:

Soufflé au chou-fleur

Côtelettes d'agneau avec
    zeste de citron et herbes
    de Provence

Gratin Dauphinois

Salade verte et sa vinaigrette
    de la semaine

Crème Brûlée

## PRINTEMPS:

Œufs Jeannette avec une salade

Sauté de Poulet—Persillade

Blettes sautèes

Purée de pommes de terre
    et panais

Gâteau aux amandes

## ETÉ:

Vichyssoise

Salade Niçoise

Clafoutis

## AUTOMNE:

Gougères

Poulet à la crème

Haricots verts Français

Crêpes

# Menus

# Menus

# Index

# Index

# Acknowledgments

This little book represents how important food is in our family's life. I grew up in a home where there are always chefs in the kitchen and at the table. My first consistent memory of a restaurant is Lutece in New York; thank you, Tonton André and Tati Simone. Thank you to both of my grandmothers, who love food. Thank you, Tati Anita and Tonton Charlie, for talking about something other than food. My godmother, Renee, for being a second mother in every way; I miss you every day. Thank you, Tonton Claude and Tati Genevieve, and Jean-Michel, Sandrine, and Nathalie for being family.

Many people are involved in creating a book, whether they know it or not, and since this is my first book, I will try not to forget anyone . . . of course I will, and if I do, I'll make you dinner!

So, thank you to Anne B., Chris and Jay, Dena M., Diane St., Eric K., Elizabeth and Bill, Ildi, Jorge, Julie R., Ken and Steve, Lisa and Champe, Liz and Steve, Lorena, Lori and Michel, Mark T, Marty and Jim, Michael H, Mitch, Nini, Our Elizabeth, Robin and Julian, Servane and Bob, Shannon, Soumiya, Suzie and Arthur, Tom and Christine, William and Loren, and Zimmy, for being my friend. An extra thank-you to Rob Price for being my friend since third grade and being the only person who would have ever traded lunches with me.

Thank you Cheryl, RK, Bob, Wendy, Dotty, Cyndy, and all the Wesen family for making me a part of your family.

Thank you, Dana Cowin, Barbara Banke, Laura Werlin, Gail Simmons, Julie Fox, Nancy Aaronson, Norma Galehouse, Dorothy Cann Hamilton, Pricilla Martel, Rebecca Alssid, Chris Grdovic, Bridgette Charters, Sara Moulton, Susie Heller, and Tina Salter, for making me feel like a professional and inspiring me.

A special thank-you and I love you to my father and Shorey for creating all the artwork for this book, and my husband for working with me on every single recipe and always letting me have my way.

And, of course, thank you from the bottom of my stock pot to my amazing book agent, Doe Coover, and thank you so much, Christel Mazquiaran for translating this book into fantastic French, making us all so proud. And finally, thank you to Jonathan Simcosky and Quarto Publishing Group, for taking a chance, not giving up, and believing in our little book.

# Remerciements

Ce petit livre représente la place importante que prend la nourriture dans notre vie de famille. J'ai grandi dans une maison où il y avait toujours des chefs en cuisine et autour de la table. Mon premier souvenir marquant d'un restaurant est le Lutece, à New York; merci tonton André et tatie Simone. Merci à mes deux grands-mères, qui adorent la nourriture. Merci tatie Anita et tonton Charlie de parler d'autre chose que de nourriture. Merci à ma marraine, Renée, d'être une seconde mère en tout point; tu me manques tous les jours. Merci tonton Claude et tatie Geneviève, Jean-Michel, Sandrine et Nathalie pour faire partie de la famille.

Beaucoup de personnes comptent pour créer un livre, qu'elles le sachant ou pas, et comme ceci est mon premier ouvrage, je vais essayer de n'oublier personne… et bien sûr, si j'oublie quelqu'un, je vous ferai à dîner!

Alors, merci à Anne B, Chris et Jay, Dena M, Diane St, Eric K, Elizabeth et Bill, Ildi, Jorge, Julie R, Ken et Steve, Lisa et Champe, Liz et Steve, Lorena, Lori et Michel, Mark T, Marty et Jim, Michael H, Mitch, Nini, Notre Elizabeth, Robin et Julian, Servane et Bob, Shannon, Soumiya, Suzie et Arthur, Tom et Christine, William et Loren, et Zimmy, pour être mon ami. Un merci tout spécial à Rob Price, pour être mon ami depuis le CE2 et pour être la seule personne à avoir échangé ses repas avec moi.

Merci Cheryl, RK, Wendy, Dotty, Cyndy, et toute la famille Wesen pour m'avoir acceptée dans votre famille.

Merci Dana Cowin, Barbara Banke, Laura Werlin, Gail Simmons, Julie Fox, Nancy Aaronson, Norma Galehouse, Dorothy Cann Hamilton, Pricilla Martel, Rebecca Alssid, Chris Grdovic, Bridgette Charters, Sara Moulton, Susie Heller et Tina Salter, pour m'avoir considérée comme professionnelle et pour m'avoir inspirée.

Un merci très spécial et un grand "je t'aime" à mon père et à Shorey pour avoir créé toutes les illustrations de ce livre, et à mon mari pour avoir travaillé avec moi sur chaque recette et pour toujours me laisser avoir le dernier mot.

Et bien sûr, merci du fond de ma marmite à mon super agent, Doe Coover, et un immense merci à Christel Mazquiaran pour avoir traduit ce livre dans un français fantastique, nous rendant tous très fiers. Pour finir, merci à Jonathan Simcosky et Quarto Publishing Group d'avoir pris un risque, ne pas avoir baissé les bras et d'avoir cru en notre petit livre.

# About the Author

Many of you have watched Claudine Pépin in partnership with her father, world-renowned chef, Jacques Pépin, preparing delicious meals and sharing cooking techniques on public television. All three of their series have received the notable James Beard Award. In addition, Claudine has had numerous television appearances including *Cooking Live with Sara Moulton*, *Good Morning America*, and *Molto-Mario*.

With an undergraduate degree in political science and philosophy, and graduate work in international relations from Boston University, Claudine has spent a great deal of time in the wine industry. For two years she was the brand ambassador for Moet & Chandon and Dom Perignon Champagne in New York while also teaching food and wine pairing for both the French Culinary Institute and the Sommelier Society in New York.

In 2002, Claudine was named Woman of the Year by the *Academie Culinaire de France—Filiale des Etas Unis*. She continues to do television as well as events including *The Metropolitan Cooking & Entertaining Show* and the Aspen, Newport, Kohler, and Pebble Beach *Food & Wine* magazine weekends and is a guest instructor and host for Food University, which tours nationally. Claudine, her husband Rollie (a faculty member at Johnson and Wales University in Providence), along with their daughter Shorey, and a mischievous cat name Lyon, relocated from Colorado to Rhode Island in 2011.

Her philosophy for food is closely tied to family. Claudine cooks at home almost every day, believing that sharing a meal with family and friends—eating, laughing, and spending time together at the table—is one of the most enjoyable and rewarding things in life. "Food doesn't have to be complicated. It needs to be wholesome, nutritious, and preferably well-seasoned. And, it's always best when shared with those you love."

# À propos de l'auteur

La plupart d'entre vous ont déjà vu Claudine Pépin partenaire de son père, le chef mondialement connu, Jacques Pépin, préparer de délicieux repas et partager des techniques culinaires sur les chaines de télévision publique. Leurs trois émissions ont toutes reçues la prestigieuse récompense James Beard. De plus, Claudine a plusieurs apparitions télévisuelles à son actif, notamment *Cooking Live with Sara Moulton*, *Good Morning America*, et *Molto-Mario*.

Avec une licence en sciences politiques et philosophie et un master sur les relations internationales de l'Université de Boston, Claudine a passé de nombreuses années dans l'industrie du vin. Pendant deux ans, elle a été ambassadrice de la marque Moet et Chandon et du champagne Dom Perignon à New York, tout en enseignant le mariage du vin et des aliments pour le *French Culinary Institute* et le *Sommelier Society* de New York.

En 2002, Claudine a été nommée Femme de l'année par l'académie culinaire de France—Filiale des Etats-Unis. Elle continue à participer à des émissions télévisées ainsi que des évènements comme *The Metropolitan Cooking and Entertaining Show* et les week-ends de *Food and Wine* à Aspen, Newport, Kohler et Pebble Beach. Elle est aussi hôte et professeur invitée pour *Food University*, qui fait des tournées nationales. Claudine, son mari Rollie (un membre de la faculté de Johnson et Wales University à Providence), ainsi que leur fille Shorey et leur chat malicieux surnommé Lyon, ont déménagé du Colorado à Rhode Island en 2011.

Sa philosophie pour la cuisine est intimement liée à la famille. Claudine cuisine à la maison presque quotidiennement, convaincue que partager un repas avec sa famille et ses amis, manger, rire et passer du temps ensemble à table, est une des choses qui donne le plus de bonheur et est la plus gratifiante dans la vie. "La cuisine n'a pas besoin d'être très compliquée. Elle a besoin d'être vraie, nutritive, et de préférence bien assaisonnée. Et c'est toujours mieux quand elle est partagée avec ceux que vous aimez."

Our family enjoying a summer afternoon in the garden at Jacques's and Gloria's home in Connecticut, (from left to right): Shorey Wesen, Rollie Wesen, Claudine Pépin, Jacques Pépin and Gloria Pépin.